유니콘
혁명

유니콘 혁명

소득10만 불의열쇠

김세형 정유신 주재욱

안준모 박승재 박재민

홍찬영 김현우 김만기

서울연구원
The Seoul Institute

들어가며

유니콘 중심의 기술도시, 세계 기업 만들다

김세형 | 매일경제 논설고문

국가의 미래, 유니콘기업에 달렸다

지구상 대부분 선진국은 저출산 고령화로 인구감소의 시대에 접어들고 있다. 200년 만의 인구 대전환 상황에서 인구감소를 늦추고 경제를 발전시킬 수 있는 유일한 기회는 기술기업을 키워 내는 일이다. 2025년 초 미국 라스베이거스에서 열린 국가전자제품박람회Consumer Electronics Show, CES, 이하 CES 미국과 중국을 비롯해 전 세계 산업 지형이 인공지능AI과 로봇으로 진화해 가는 흐름을 명확하게 보여 주었다. 스타트업이 인공지능을 로봇에 장착한 제품을 상업화하는 데 성공한다면 기업가치 10억 달러 이상의 유니콘으로 커 나가며 세상을 또 한 번 바꿀 것이다. 전 세계는 이전과 전혀 다른 경쟁의 시대를 맞았다. 국가 명운은 미래에 이러한 유니콘기업을 얼마나 키워 내느냐에 달렸다. 유니콘은 새로운 생산력의 발아이며 경쟁력의 원천이고 고용을 책임지는 샘물이다. 바로 미래 그 자체이다. 일론 머스크가 키워 낸 스페이스엑스의 가치는 무려 3,500억 달러로 삼성전자보다 훨씬 크다.

현재 세계적으로 유니콘기업의 보유 순위는 미국, 중국, 인도가 1~3위를 차지한다. 상대적으로 일본과 독일의 부진이 눈에 띈다. 유럽연합의 경제 규모가 한때 미국과 비슷했었고, 중국도 2030년경 미국을 따라잡는다고 큰소리쳤다가 근래 격차가 더 벌어진 근본 원인도 따지고 보면 유니콘이 결정했다고 해도 과언이 아니다. 미국의 GDP 규모는 전 세계의 20퍼센트 수준이지만 유니콘은 전 세계의 50퍼센트가 넘는 656개를 보유하고 있다. 미국 경제가 왜 세계 최강인지, 미래에도 그 지위를 공고하게 할지 알려 주는 이보다 더 뚜렷한 지표는 없다.

한국도 유니콘의 육성에 명운이 걸렸다는 흐름에 맞춰 2008년부터 창업 투자 스케일업을 하였고, 2021년과 2022년에는 '스타트업코리아' 정책으로 뒷받침했다. 그러나 한국은 근래 들어 전 세계가 국가의 명운을 걸고 유니콘을 육성하는 경쟁에서 힘이 부치는 모습이다. 2021년 세계 5위권에서 최근에는 11위권으로 뒤처졌으며, 정치적 격변기로 어수선했던 2024년에는 신생 유니콘을 하나도 탄생시키지 못했다. 유니콘(기업가치 10억 달러)은 데카콘

decacorn(기업가치 100억 달러)으로, 나아가 스페이스엑스처럼 헥토콘hectocorn(기업가치 1,000억 달러)으로 커 나가야 하는데 한국은 데카콘도 없다.

전 세계의 유니콘 1위는 오랫동안 틱톡TikTok을 운용하는 중국의 바이트댄스ByteDance(기업가치 2,250억 달러)였으나 일론 머스크가 트럼프의 대선에 뛰어들며 스페이스엑스 가치가 껑충 뛰면서 순위가 바뀌었다. 3위는 혜성같이 나타난 오픈AI로 기업가치가 2,000억 달러에 육박한다. 한국의 유니콘은 14개로 이스라엘(25개)보다 열세인 데다, 1위인 비바의 가치가 70억 달러로 왜소하다. 한국의 약점은 또 있다. 14개 유니콘 중 진짜 세상을 바꾸는 신기술 분야의 스타트업은 찾아보기 어렵고 거의 소비거래 업체라는 점이다. 유니콘기업은 창업 10년 내 비상장한다는 조건이 달려 있는데 얼마 전까지 한국의 유니콘을 대표했던 쿠팡, 우아한형제들 등은 전부 소비 관련 플랫폼일 뿐이다. 이에 비해 미국의 유니콘은 인공지능 등 신기술, 핀테크, 헬스 케어 등 향후 세계경제를 선도할 분야에 집중돼 있다.

올해 CES에서 명확하게 드러났듯 인공지능 분야는 국가경제의 명운이 달린 분야다. 미국이 멀찍이 앞서 나가자 중국도 국가사업으로 추격에 나섰다. 인공지능 분야는 한 국가의 산업뿐 아니라 군사 등 국가안보라는 명운이 걸린 분야이기 때문이다. 중국국제금융공사CICC는 최근 인공지능산업을 육성하기 위해 6년간 10조 위

안(1,900조 원)을 쏟아붓기로 했다. 2,000건이 넘는 대학 학부 과정에 인공지능 프로그램을 추가하고, 240여 대학에 인공지능 전공을 신설했다. 특허 논문 수는 중국이 미국보다 많다. 지난해 인공지능 관련 논문 수는 중국과학원과 칭화대가 세계 1, 2위를 차지했으며, 미국에 오래 머문 인공지능 분야의 석학 주쑹원 등을 급거 귀국시키기도 했다.

인공지능 3대 강국의 꿈과 한계 사이

한국도 세계 인공지능 3대 강국을 목표로 대통령 직속 인공지능위원회를 발족시켰다. 인공지능 분야에서 예비 유니콘을 대거 양성하고 유니콘을 더 많이 육성하자는 설계도를 정부와 민간이 그려 가는 중이다. '코리아 프라미싱 AI 스타트업 2024' 계획이 대표적으로, 이 계획을 통해 20여 개 인공지능 기업을 유니콘으로 길러 내기 위해 총력을 기울이기로 했다. 인공지능 분야의 유니콘은 자본보다 기술력, 즉 기술을 가진 인재를 확보하는 것이 더 중요하다.

그런데 현실은 어떤가. 미국으로 유학 간 인공지능 등 첨단기술 분야의 인재가 국내 대학이나 기업의 보수 수준이 맞지 않아 귀국

하지 않는 실정이다. 국내의 유수한 인재들조차 미국과 중국 기업에게 빼앗기고 있다. 이 흐름을 바꿀 장치를 마련하는 것이 가장 시급하다. 학생들이 공대를 외면하고 의대를 합창하면 그리고 해외 우수 인재를 확보하지 못하면 인공지능 3대 강국의 목표는 공염불로 끝나고 말 것이다. 설상가상 윤석열 정권의 붕괴로 손을 놓으면서 한국의 인공지능 순위가 10위권 밖으로 떨어졌다는 불편한 소식도 들린다.

구체적으로 유니콘을 배출해 낸 기업가들은 유니콘 배출을 훼방하는 규제나 정부 역할이 미흡한 점이 많다고 지적한다. 이를 정리하면 첫째, 주 52시간 근로제이다. 전 세계와 싸워서 이길 아기 유니콘에서 예비 유니콘과 진짜 유니콘을 길러 내자면 최소한 6년 이상이 소요된다. 전 세계 유니콘의 최상위인 스페이스엑스, 테슬라 왕국을 일군 일론 머스크의 자서전을 읽어 보라. 그는 회사의 사활이 걸린 상황에선 23시간 일하고 1시간 잤다는 표현을 자주 쓰고 있다. 애플의 스티브 잡스도 마찬가지였다.

둘째, 한국에서 유니콘을 키워 내기가 어려운 이유는 미국, 중국, 인도 등에 비해 국내 내수시장의 규모가 작기 때문이다. 크래프톤을 키워낸 장병규 회장은 "초기부터 스타트업을 세계시장에서 성공할 수 있도록 정부가 안내자 역할을 해야 한다"고 강조한다.

셋째, 한국은 스타트업을 키워 낼 벤처자금VC이 아시아에선 싱가포르나 인도 등에 비해 적다. 미국의 세콰이어나 호로위츠 벤처캐피털 기업은 천문학적 자금으로 스타트업을 지원한다. 중국의 경우 BAT, 바이두·알리바바·텐센트가 유니콘 기업에서 시작해 오늘날 거대기업으로 성장했다. 싱가포르의 유니콘은 16개로 한국보다 많다. 글로벌 벤처펀드가 밀어준 자금이 70퍼센트가 넘는다, 그런데 한국은 겨우 1~2퍼센트 수준이다. 싱가포르, 델라웨어, 두바이 등에 코리아펀드를 만들어 세계 자본을 끌어오지 못하면 한국은 인공지능 3대 강국에 결코 도달하지 못할 것이다.

넷째, 대학이 스타트업을 지원하는 규모가 빈약하다. 미국 실리콘밸리의 스탠포드대는 연간 약 10조 원의 대학 예산을 바탕으로 청년 사업가들을 지원하는데 국내 서울대, 고려대, 연세대는 1조 원에도 못 미치는 형편이다.

서울시, 유니콘 50개 육성의 길을 모색하다

2025년 대한민국은 삼성전자 등 간판 대기업이 주춤거리고 유니콘 배출 국가 경쟁에서도 뒤처지는 조짐을 보이고 있다. GDP 성장률과 수출실적 등이 주춤거리며 피크코리아peak korea란 말이 서서히 나오는 상황이다. 이래서는 소득 5만 달러, 10만 달러를 기약하기 어렵다. 삼성전자는 1980년도부터 45년 이상 한국 기업 순위 1위를 해왔고, 같은 기간 미국 인텔은 반도체 전쟁의 왕이었다. 역사상 1위를 한 대기업 중 승자의 오만에 빠지지 않은 기업은 없었다.

유니콘이란 말이 처음 대두된 것은 2013년으로 이제 10여 년 남짓한 시간이 흘렀다. 미국의 테슬라, 메타(페이스북), 알파벳(구글), 아마존 등 매그니피센트7이 1990~2000년대 초반에 홀연히 등장해 세계경제를 제패해 버렸다. 한국도 40년 이상된 기업들이 선두를 점령하지 않고 테슬라, 오픈AI 같은 기업이 혜성과 같이 나타났더라면 오늘날 상투 조짐으로 휘청거리진 않을 것이다.

국가와 대기업도 열심히 해야겠지만 서울시 같은 대도시도 유니콘 배양에 사활을 걸어야겠다. 미국, 중국, 영국, 프랑스 등도 대도시가 책임지는 범위가 넓다. 중국은 베이징, 상하이, 선전 등 여러 도시에서 유니콘이 탄생하고 있다. 하지만 우리나라는 한국은 아직 서울시 의존도가 100퍼센트이며 대부분이 서울시에서도 테헤란로 등 구시가지에 집중돼 있어 다양한 지역에서 스타트업을 하기 편리한 환경을 만들어 가야 할 시점이 왔다.

유니콘은 대한민국 미래의 희망을 걸머진 상징이다. 국가별 경쟁이 치열하기에 그만큼 성공하기 어려울 수밖에 없다. 이 책은 대한민국이 현재 14개인 유니콘기업을 50개, 100개로 어떻게 늘려갈 것인지 서울시 관계자, 정부 부처, 대학교수 등이 함께 머리를 맞대고 국내외 연구를 통해 해법을 제시한 책이다. 프랑스마크롱 대통령은 2030년까지 100개 유니콘을 배출하겠다는 목표를 제시하였는데 서울시도 유니콘 50개 육성을 목표로 내걸었다. 어려운 목표이지만 성공해야만 하는, 즉 우리나라의 운명이 걸린 과제일 것이다.

저자들을 대표해서 김세형 씀

차례

2부

인공지능 시대, 해외 유니콘 육성과 우리의 대응

1부

유니콘을 낳는 생태계 만들기

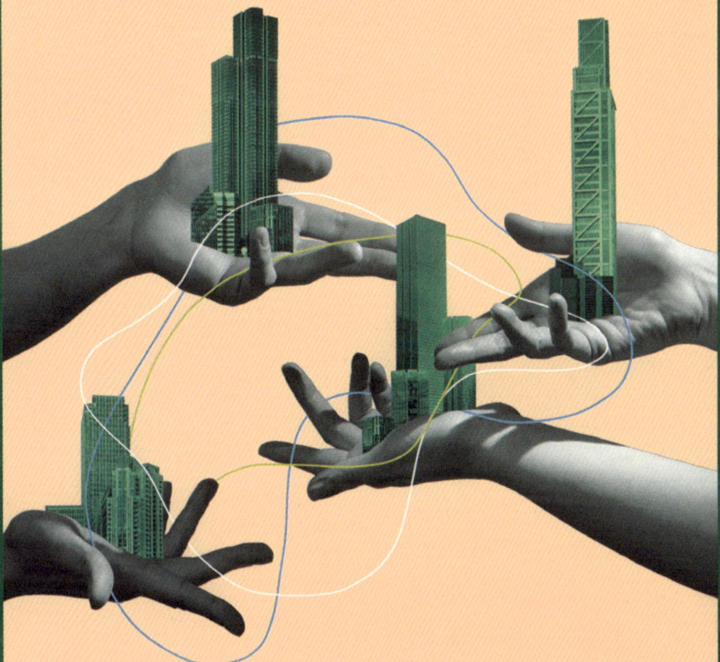

1장

유니콘의 글로벌 트렌드와 우리의 과제

◈ 정유신 ◈

서강대학교 교수

유니콘, 10여 년 만에 1,565개로 급증

요즘 벤처업계에서 성공을 상징하는 단어는 유니콘이다. 아직 상장도 하지 않은 비상장 스타트업인데 기업가치가 무려 10억 달러(약 1조 4천억 원) 이상이기 때문이다. 스타트업이면 창업한 지 오래되지 않아서 매출도 이익도 그다지 많지 않을 텐데, 기업가치가 그렇게 클 수 있나 하는 사람도 있을 것이다. 하기는 이전의 상식으론 충분히 그렇게 생각할 만하다. 하지만 문제는 기업가치 10억 달러 이상의 유니콘들이 글로벌시장에서 매주 2~3개씩 탄생하고 있다는 점이다. 유니콘은 2013년 미국 실리콘 밸리에서 카우보이 벤처스Cowboy Ventures의 창업자이자 벤처캐피털리스트인 에일린 리Aileen Lee가 처음 사용한 용어로, 2013년 당시만 해도 유니콘 수는 43개에 불과했다. 그러나 2015년에 141개, 2020년엔 586개,

2025년 1월 현재는 무려 1,565개로 그야말로 급증세를 보이고 있다.

왜 이렇게 급증세일까. 전문가들은 첫째, 디지털·모바일 플랫폼과 4차 산업혁명의 영향을 꼽는다. 디지털·모바일 플랫폼은 일종의 '손안의 시장'으로 시간·공간의 제약 없이 세계 어느 곳과도 연결할 수 있다. 따라서 과거 10년 이상 걸려 일어날 매출과 이익을 시장 역할을 하는 디지털·모바일 플랫폼을 활용하면 이젠 5년, 3년 아니 1년 이내에 달성할 수 있다는 생각이 바닥에 깔려 있다. 개인적으론 때론 글로벌 유동성이 커 거품 성격이 작용하기도 했지만, 기본적으로 유니콘이 급증한 데는 디지털·모바일 플랫폼을 통한 레버리지효과가 핵심 요인이었다는 데에 동의한다.

둘째, 기술의 급속한 발전과 융합도 중요 요인이다. 우선 4차 산업혁명으로 인공지능, 클라우드컴퓨팅, 양자컴퓨팅, 로봇 기술 등 첨단기술이 쏟아져 나오고 있다. 이들 첨단기술 스타트업이 세계의 거의 모든 소비자와 연결돼 있는 디지털플랫폼을 활용하면 그 매출과 이익의 잠재적인 폭발성도 엄청날 거란 생각이다. 또한 기술 융합으로 새로운 수익모델과 시장을 창출하고 있다. 예컨대 스마트폰 보급에 따른 모바일 기술의 상용화와 클라우드컴퓨팅 기술의 융합으로 스타트업이 적은 비용으로 다양한 국내외 시장에 도전할 수 있게 됐고, 인공지능과 반도체 기술의 융합은 인공지능 스타트업의 성장을 가속화했다. 특히 인공지능 분야에선 유니콘으로 성장하는 속도가 더욱 빨라져서, 유니콘이 된 인공지능 기업의 '유니콘 도달 기간'이 2019년 7년에서 2024년엔 2.5년으로 대폭 단축됐다. 이외에 국가 간 경쟁도 빼놓을 수 없다. 유니콘은 벤처 신산업의 리더로 국가 차원에서 보면 미래성장동력의 핵심이기 때문에 갈수록 국가 간 경쟁도 치열해지고 그로 인해 유니콘의 증가 속도가 더욱 빨라지고 있다.

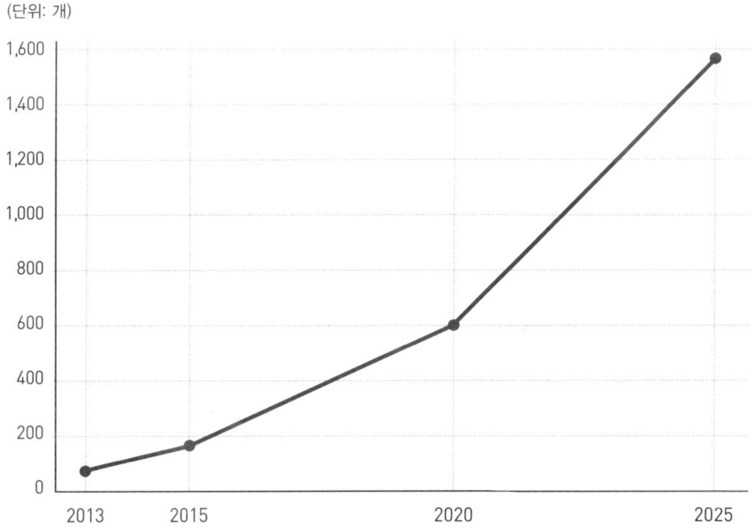

그림 1 **2013~2025년간 유니콘 수 추이**

자료: CB Insights, 2024, *The Global Unicorn Report*, New York: CB Insights.

유니콘이 왜 중요한가

그럼 유니콘이 어떤 역할을 하기에 국가 간의 경쟁이 치열해지고 있을까. 첫째, 앞서 얘기했듯이 유니콘기업들은 첨단 혁신 기술을 바탕으로 성장하기 때문에, 미래성장동력의 핵심이라 할 수 있다. 따라서 유니콘을 얼마나 많이 또 다양하게 보유하고 있느냐가 미래 국가경쟁력의 지표라 할 수 있고, 그런 점에서 국가 간 경쟁이 치열해지고 있음은 당연하다.

둘째, 유니콘은 단기간에 급성장하는 기업이기 때문에 그만큼 부가가치와 고용 창출 효과가 크다고 할 수 있다. 예를 들어 인도의 경우 유니콘기업들이 2016~2023년간 GDP 성장에 약 10~15퍼센트 기여했고, 2024~2030년간 1조 달러의 부가가치와 5,000만 개의 새로운 일자리를 창출할 것으로 예상하고 있다. 우리나라도 K-유니콘 프로젝트 선정 기업들이 2조 2,476억 원의 후속 투자를 유치하고, 매출이 50퍼센트 이상 증가하는 성과를 보였다는 분석이 있다.

셋째, 경쟁력 있고 지속 가능한 벤처 생태계를 구축하고 육성하는 데 기여할 수 있다는 점이다. 유니콘의 수익모델은 기업 성장 단계를 단기간에 '압축성장'하는 모델이어서, 유니콘을 창출하는 과정에서 인력과 자본의 유치, 신시장 등 벤처 생태계에 중요한 인프라를 구축할 수 있는 이점이 있다. 예컨대 초기 단계의 스타트업이 유니콘이 되기까지 벤처 생태계에 필수적인 국내외의 우수 인력과 대규모 자금, 또한 해외 투자자를 활용한 해외 신시장 연결 등의 조건이 확보되며 벤처 생태계의 양적 확장은 물론, 질적 고도화를 도모할 수 있다. 이외에 유니콘 육성을 통해 글로벌 사회에서의 위상 제고, 기존 산업의 구조를 개선하는 효과가 있다는 분석도 있다.

미국의 실리콘밸리가 중심이지만, 점차 국가·지역의 다양화 추세

다음 글로벌시장에서 유니콘은 어떤 트렌드를 보이는지 간단히 살펴보자. 첫째, 유니콘은 여전히 실리콘밸리를 중심으로 미국이 주도하고 있지만, 점차 국가·지역의 다양화가 이뤄지는 추세이다. 우선 실리콘밸리를 포함한 샌프란시스코 베이 에어리어Bay Area는 여전히 글로벌 유니콘의 중심지다. 190개의 유니콘기업이 있어 '글로벌 유니콘의 메카'라는 별칭으로 불리며 미국 유니콘의 40퍼센트를 보유하고 있다. 하지만 이러한 미국 중심의 유니콘 생태계가 점차 다양한 국가와 지역으로 확대하고 있다. 2013년엔 거의 미국 실리콘밸리 주도였지만, 2015년엔 16개국의 55개 도시, 2020년엔 29개 국가의 145개 도시, 2024년 초 조사에선 53개 국가의 291개 도시로 빠르게 확대하고 있다.

예컨대 2015년만 해도 유니콘 총 140개 중 미국 유니콘 비율이 51퍼센트, 중국 유니콘 비율이 34퍼센트로, 양국의 유니콘 비율이 85퍼센트를 차지했다. 또한 도시로 보면 샌프란시스코(실리콘밸리 포함)에 60개, 베이징에 41개로 두 도시의 유니콘 비율이

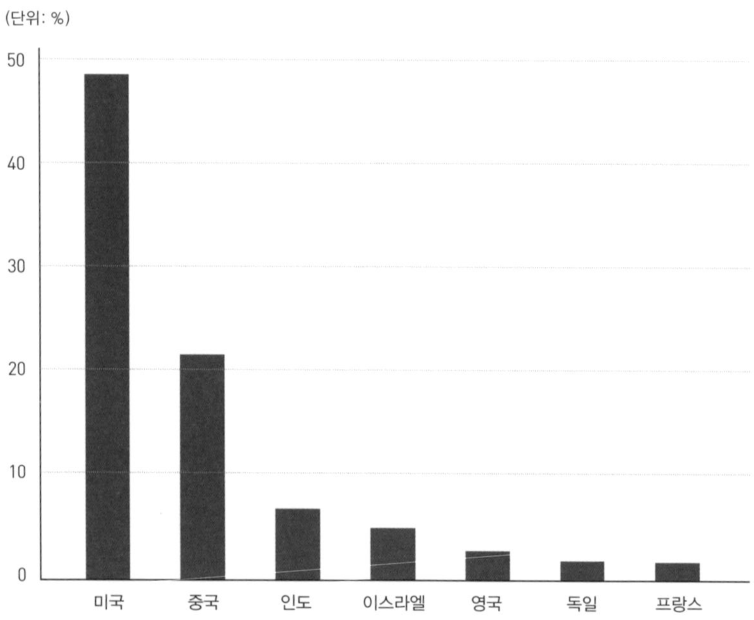

그림 2 **국가별 유니콘 수(2025년)**

자료: Hurun Report, 2025, "Global Unicorn Index 2025", Hurun Report, https://www.hurun.net.

전체 유니콘의 72퍼센트를 차지했다. 하지만 2025년 1월 현재는 총 1,565개 유니콘 중 미국(48.6퍼센트)과 중국(21.7퍼센트)의 비율이 양국 합쳐 70.3퍼센트로 줄고, 특히 도시는 샌프란시스코(12.1퍼센트)와 베이징(5퍼센트)을 합쳐도 17.1퍼센트로 10년 전 대비 급감했다. 그만큼 다양한 국가와 도시가 유니콘 경쟁에 뛰어들고 있단 얘기다.

그럼 어떤 국가와 도시들이 유니콘 경쟁에 이름을 올리고 있나 살펴보자. 우선 미국, 중국과 격차는 있지만, 2020년대 들어 빠르게 유니콘을 늘리고 있는 인도와 이스라엘이 각기 108개와 80개로 3, 4위를 차지하고, 그다음으로 영국(47개), 독일(31개), 프랑스(28개) 순이다. 도시로는 미국의 실리콘밸리와 뉴욕, 중국의 베이징, 상하이에 이어 인도의 벵갈루루와 이스라엘의 텔아비브, 영국의 런던 등이 유니콘 생태계 구축에 힘을 쏟고 있다.

둘째, 유니콘의 세계화도 유니콘의 급증세 가운데 눈에 띄는 추세이다. 기업가치 10억 달러 이상의 유니콘이 되기 위해선 시장 확장 즉, 해외시장 확보가 중요하며 이를 위해선 해외시장과 연결된 해외 자금을 유치하는 것이 핵심 요소라 할 수 있기 때문이다. 특히 중국, 인도와 같이 인구 대국이 아닌 국가들의 경우 유니콘의 글로벌화는 거의 필수적이라는 게 전문가들의 의견이다. 중국과 인도는 자국 시장과 자국의 투자만으로 유니콘이 되는 경우가 30~40퍼센트 되지만, 그 외의 유니콘 수 순위 10위 안에 이름을 올린 국가들은 거의 다 글로벌시장 진출과 글로벌 자금 유치로 유니콘을 탄생시키고 있다. 예컨대 프랑스(28개), 캐나다(21개), 싱가포르(15개)의 모든 유니콘기업은 해외시장에 진출했다고 한다. 또 이러한 유니콘의 세계화 영향으로 초거대 유니콘, 예컨대 기업가치 100억 달러 이상인 데카콘과 1,000억 달러 이상인 헥토콘이 출현하고 있다. 데카콘은 2024년 기준 50개로 총 유니콘의 3.2퍼센트를 차지하며 미국의 스트라이프Stripe, 데이터브릭스 등이 대표적이다. 헥토콘은 단 2개로 중국의 바이트댄스와 미국의 스페이스엑스를 꼽는다.

국가 차원의 벤처 생태계 구축 노력

셋째, 많은 국가가 스타트업이 유니콘으로 성장할 수 있도록 벤처 생태계를 구축하는 데 국가 차원의 정책 노력을 기울이고 있다는 점이다. 각국의 특성에 따라 차별화 요소는 있지만, 미국 실리콘밸리 벤처 생태계의 핵심 요소를 기본 모델로 삼고 있다고 할 수 있다. 먼저 미국 실리콘밸리의 벤처 생태계의 특성과 성공 요소를 간략히 살펴보자. 우선 뭐니 뭐니 해도 스타트업과 같은 고위험·고수익 벤처에 적극 투자해 주는 벤처캐피털 자금줄이 풍부하다는 것을 꼽을 수 있다. 2023년 기준 미국 전체 벤처캐피털 투자액은 856억 달러(약 119조 원)인데, 그중 거의 85.7퍼센트인 749억 달러(약 104조 원)가 실리콘밸리 지역에 투자됐다. 이는 전 세계 벤처캐피털 투자액의 무려 53.3퍼센트고, 미국 내에서 벤처 투자 기준 2, 3위를 달리고 있는 뉴욕과 보스턴과 비교해 각각 5배와 9배, 중국 전체 대비로도 약 3배일 정도로 엄청난 규모다.

GAFA(구글·아마존·페이스북·애플), 인텔과 같은 대형 글로벌기업의 스타트업 인수합병 매수가 많다는 점도 중요 요소다. 투자회수EXIT 수단으로서의 인수합병은 상장IPO까지 오래 걸리지 않는 이점이 있는 데다, GAFA와 같은 세계적 기업에 의한 인수합병이나 투자는 그 가능성만으로도 스타트업 창업자에게 대단히 매력적인 요소이다. 실제 미국 스타트업들의 투자회수는 상장에 대부분 의존하고 있는 우리나라와 달리, 90퍼센트가 인수합병을 통해 이루어진다. 또한 대기업뿐 아니라 유니콘으로 덩치를 키운 비상장기업들이 인수합병의 주체가 되는 사례도 종종 나오고 있다. 예컨대 2024년 기준 기업가치 약 1,200억 달러의 에어비엔비Airbnb는 지금까지 20개 이상의 기업을 인수했다고 한다.

다음은 실리콘밸리의 장점으로 꼽히는 액셀러레이터의 존재다. 액셀러레이터는 창업자가 벤처캐피털로부터 투자를 받을 때까지 일종의 가교 역할을 하며, 비즈니스 모델에 대한 자문, 멘토링, 초기 투자 등을 담당한다. 크런치베이스Crunchbase에 의하면 캘리포니아를 중심으로 한 실리콘밸리 지역에는 벤처캐피털의 직접 투자를 받은 초기 단계 이상의 스타트업 수가 2만여 개나 된다. 최근 중국 등 전 세계에서 액셀러레이터가 늘고 있지만, 실리콘밸리와 같은 '빅샷' 성공 사례는 흔치 않다. 시장에서 손꼽는 대표선수는 와이콤비네이터, 500스타트업, 플러그앤플레이, 테크스타가 있고, 그중에서도 와이콤비네이터는 미국 액셀러레이터 평가 1위로 에어비엔비, 도어대시, 드랍박스, 코인베이스, 레딧 등을 키워냈고, 이 5개사의 기업가치는 총 2,354억 달러(약 353조 원, 2023년 말 기준)라고 한다.

마지막으로 전 세계에서 몰려드는 젊은이들의 창업 정신과 이를 뒷받침하는 실리콘밸리의 창업 문화를 들 수 있다. 우선 실리콘밸리 벤처기업의 약 40퍼센트가 외국인 창업자이고, 대부분 스탠퍼드대, 버클리대 등에서 유학 경험이 있다. 그만큼 국내외로 열린 창업 문화를 가지고 있다는 얘기로, 밤낮을 가리지 않고 창업자와 투자자 간의 프레젠테이션과 토론이 끊임없이 이어지고 공식·비공식 만남을 통한 상호 신뢰 구축, 실패를 용인하는 문화 등이 실리콘밸리를 특징짓는 단면이다.

따라서 미국 외의 다른 국가들은 이러한 실리콘밸리의 벤처 생태계를 벤치마킹하되, 후발주자인 만큼 정책적 지원을 강화하는 특성을 보인다. 예컨대 중국은 2015년부터 '대중창업, 만인혁신(大众创业, 万众创新)'이라는 표어 아래 적극적인 창업 지원 정책, 해외 인재 유치를 위한 '천인 계획', 베이징의 중관춘, 선전 등 주요 도시에 창업 특구 조성, 중국 전역에 4,200개의 창업 플랫폼과 3,000개의 기술기업 인큐베이터를 설립했다. 인도도 2016년 '스타트업 인디아 이니셔티브'라는 스타트업 지원 정책하에 국부펀드 등을 활용한 자금 지원과 세제 혜택을 제공하고 벵갈루루·델리 등에 창업 특구를 조성하고 있다.

또한 산학연의 협력 강화도 중요시해서 유니콘 허브에는 유명 대학과 연구소가 자리 잡고 있다. 예를 들어 실리콘밸리에 스탠퍼드대와 버클리대가 있듯이, 베이징에는 칭화대와 베이징대, 벵갈루루에는 인도경영대학원IIM Bangalore, 텔아비브에는 히브리대와 와이즈만연구소 등이 대표적이다.

플랫폼이 여전히 우세하나, 2020년 이후 딥테크 비중이 빠르게 증가

유니콘 분야의 변화도 나타나고 있다. 유니콘이 나타나기 시작한 2013년부터 유니콘기업 중 가장 많은 분야는 플랫폼 기업이었다. 2024년 기준 유니콘 중 플랫폼 기업의 비중은 약 40퍼센트로 추정된다. 그중 기업가치가 무려 2,250억 달러에 달하는 중국의 바이트댄스(틱톡), 미국의 온라인결제 플랫폼인 스트라이프(650억 달러), 미국의 온라인 협업 화이트보드 플랫폼인 미로Miro(175억 달러) 등이 대표적이다. 하지만 2020년을 전후로 코로나19가 터지고, 금리가 상승하면서부터는 딥테크 비중이 빠르게 증가하고 있다. 예컨대 인공지능, 환경 테크, 바이오테크, 로봇 기술, 양자컴퓨팅 등 첨단기술 분야에서 혁신적인 해결책을 제공하는 기업이 늘어나고 있다.

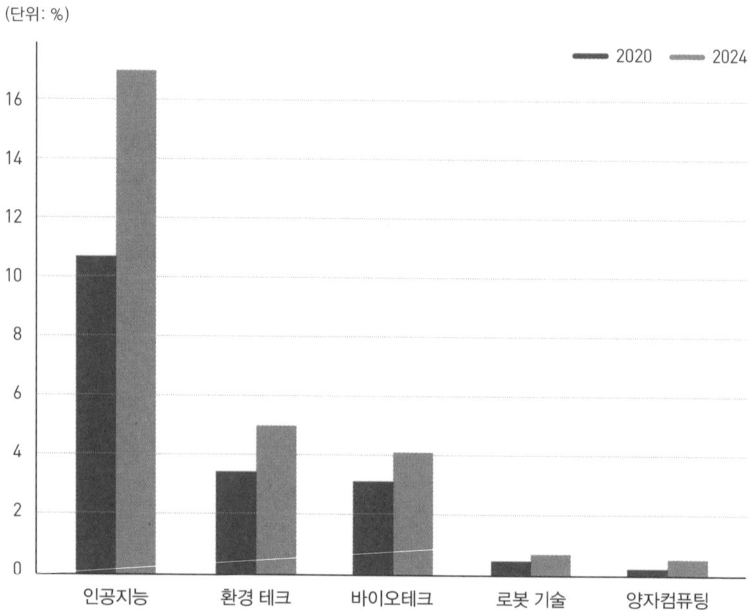

그림 3 **딥테크 유니콘의 증가세(2020년과 2024년)**

자료: Dealroom.

그럼 얼마나 늘어났나. 2020년만 해도 14퍼센트 내외였던 딥테크 비중이 2024년에는 25퍼센트로 11퍼센트포인트나 증가했다. 특히 인공지능 분야 유니콘기업이 급속도로 늘어나 2020년 63개(10.7퍼센트)에서 2024년 214개(17퍼센트)까지 늘었다. 특히 2024년엔 새로 탄생한 유니콘의 45퍼센트가 인공지능 분야의 유니콘일 정도다. 대표 기업으로는 기업가치가 1,570억 달러와 600억 달러에 달하는 오픈AI와 앤트로픽이 있다. 딥테크 중 2위는 환경 테크(80개)로 총 유니콘의 5.1퍼센트, 3위는 바이오테크(65개)로 4.2퍼센트를 차지한다. 로봇 기술(12개)과 양자컴퓨팅(9개)은 아직 0.8퍼센트와 0.6퍼센트로 비중은 낮지만, 최근 기술혁신이 빨라지면서 벤처캐피털의 관심도 높아지고 있다.

소비도시가 아닌 연구 중심의 벤처 허브 조성해야

이처럼 국가 간의 경쟁이 치열한 유니콘기업을 육성하기 위해 우리가 우선해야 할 것은 무엇인가. 첫째, 소비도시가 아닌 연구 중심의 벤처 허브를 조성해야 한다. 플랫폼 분야의 유니콘은 아무래도 시장이 큰 국가가 유리할 수밖에 없다. 하지만 딥테크 분야는 선택과 집중 여하에 따라 시장이 크지 않은 국가도 성과를 올릴 수 있다. 이스라엘이 최근 딥테크에 대한 관심을 높이면서 유니콘 수를 급격히 늘리고 있는 것도 이와 무관하지 않다.

한편 딥테크는 장기간의 연구와 분석, 실험이 필요하다. 따라서 대학·연구소를 중심으로 한 산학연의 협력 강화와 투자시장과의 연결이 필수적이다. 이를 위해서는 현재의 산학연 협력 체계를 개선해야 한다는 지적이 있다. 그 해결책으로는 대학·기업·연구소 간의 상시적 네트워크를 형성하기 위한 온오프라인 플랫폼 구축, 대학 인근 녹지 공간을 활용한 기술·창업 밸리(또는 창업·예비 유니콘 특구) 조성, 대학·기업·연구소와 투자자의 '열린 토론 문화'를 정착시키기 위한 정기·수시 토론회 개최, 대학 기술지주회사 활성화를 위한 현물출자 비율 완화(50퍼센트→30퍼센트) 등이 거론된다.

물론 우리나라도 카이스트와 서울대 등을 중심으로 연구, 실험실 창업이 늘고 있다. 하지만 한 단계 성장하기 위해 중국, 인도, 이스라엘 등의 대학 창업·벤처 인프라를 분석하고, 생성형 인공지능을 육성하기 위해 정부까지 가세해서 민관학民官學 협력 모델을 만들고 있는 중국이나 이스라엘의 트랜스퍼 오피스Transfer Office 사례 등을 참고해야 한다.

해외 투자자금 유치와 글로벌 창업 적극화해야

둘째, 유니콘이 되기 위해선 해외시장 진출이 필요하고, 이를 도울 수 있는 해외 투자자금의 유치가 긴요하다. 이와 관련해서 최근 미국, 중국 이외에 다양한 국가와 지역에서 유니콘들이 탄생하고 있는 건 이들의 해외 투자자금 유치가 그만큼 활발함을 보여주는 증표다. 특히 아시아 제1의 금융허브로 도약한 싱가포르나 2019년 "기업성장변화법" 제정으로 벤처 육성을 본격화하고 있는 프랑스 등이 관심 대상이다. 우리나라는 3~4년 전부터 글로벌 벤처캐피털의 국내 벤처기업 투자가 늘고 있으나, 아직 초기 단계라 할 수 있다. 2024년 기준 결성된 벤처펀드 중 글로벌 성격의 펀드는 5퍼센트 내외기 때문이다. 향후 글로벌 벤처캐피털과의 공동 펀드에 대한 세제 혜택을 검토하고 글로벌 네트워크를 확장하기 위해 전 세계에 퍼져 있는 한상韓商 벤처캐피털을 적극 활용할 필요가 있다.

셋째, 글로벌 창업도 적극 고려해야 한다. 4차 산업혁명 시대는 디지털·모바일로 연결된 초고속·초연결 사회이고, 유니콘은 이러한 4차 산업혁명의 상징이다. 초고속·초연결 사회에서 국내 창업만을 고집한다면 유니콘 창출도 또 세계 기업과 상호 협력도 쉽지 않다. 따라서 직접 해외에서 창업(본사를 해외에 설립)하고 국내와 연결하는 방식으로 해외시장 진출과 해외 자금 유치의 접근성을 높일 수 있다는 의견이 나오고 있다. 물론 그로 인해 유니콘이 될 수 있는 확률도 높아질 것이란 판단이다. 이와 관련해서 오래전부터 유대 금융jewish finance이 실리콘밸리에 뿌리내리고 있는 점과 그 뒤를 이어 2000년대 이후 중국, 인도의 많은 벤처기업인과 벤처캐피털이 실리콘밸리에서 창업·성공한 후, 본국의 벤처기업을 유니콘으로 성장시키고 있는 것을 염두에 둘 필요가 있다.

넷째, 해외의 우수 인력을 유치하여 창업에 대한 인센티브를 제공하는 방안도 적극 고려해야 한다. 우리나라는 출산율 저하와 고령화로 잠재성장률이 1퍼센트대로 떨어져 있고, 인건비 등도 높아 국내 인력만으로 벤처 신산업을 육성하고 유니콘을 창출하는 데 제약이 있다. 따라서 값싼 해외 노동력뿐 아니라 아시아, 동유럽, 남미 등의 해외 우수 인력을 유치하는 데 보다 과감한 정책을 펼쳐야 할 시점이다. 외국 창업자·근로자·투자자에게 4년간 프랑스 체류를 보장한 프랑스의 '프렌치 테크 비자' 제도라든지 최근 '디지털 선언'에 이어 벤처 육성을 염두에 둔 일본의 '자산운용입국' 제도 등을 참고할 만하다. 일본은 '자산운용입국' 제도 도입 이후 외국인 창업자에게 최대 2년간의 체류 허용(2025년 1월 1일 시행), 최대 6,000만 엔의 창업 대출 지원, 또한 도시 정책에 따라 임대료 보조금(후쿠오카, 최대 12개월), 법인세 감면 등을 지원하고 있다.

다섯째, 4차 산업혁명의 핵심 중 하나는 기술과 수익모델을 융합하여 신산업과 이를 주도할 유니콘을 탄생시키는 것이라 할 수 있는 만큼, 기술과 산업의 융합과 시너지 창출을 가로막는 걸림돌을 제거하는 것이 중요하다. 즉 부처 간 '칸막이 행정'이라는 규제 틀을 제거해야 한다는 게 업계의 대다수 의견이다. 예컨대 핀테크 스타트업 중 인슈어테크(보험+기술) 같은 의료금융서비스 업체가 의료서비스업과 금융업을 관할하는 부처 간 융합이 잘되지 않아서 난항을 겪고 있는 사례가 대표적이다. 또한 신산업을 먼저 제도·법제화하려는 식의 접근이나, 신산업을 '파괴적 혁신'이라고 인지하는 것도 문제다. 왜냐면 문제가 될 것을 우려해 사전 예방 차원에서 대처하는 사례가 많은데 정작 이것이 유니콘 성장을 막는 요인이 되고 있기 때문이다.

이 외에도 딥테크 수익모델은 투자도 많이 필요하고 평균적으로 5년에서 10년 이상의 기간이 걸릴 수 있어서 기존 펀드와 다른 성격의 펀드(예: continuation fund)를 조성하여 만기 이후에도 연결될 수 있는 펀드 체계를 구성해야 하고 기술혁신 속도가 빨라 기업 입장에서 유기적 성장organic growth만으로 성장하기 쉽지 않다. 그러므로 인수합병의 활성화와 육성 방안 마련, 또한 핵심기술에 가장 중요한 데이터 대부분이 금융결제 데이터에서 나오는 점을 고려하여 디지털금융 허브와 연계하여 시너지를 창출하는 방안 등을 준비해야 할 것이다.

2장

데이터로 본 스타트업 투자

◈ 주재욱 ◈

서울연구원 연구위원

정부의 역할은 무엇인가

스타트업은 유니콘으로 성장하기까지 단계별로 적절한 투자를 유치한다. 벤처자본은 시장의 트렌드와 기업의 역량을 바탕으로 가치를 판단해 스타트업에 대한 투자를 결정한다. 스타트업 투자 정보를 살펴보면 스타트업이 각각 성장단계에 따라 어느 정도 규모의 투자를 필요로 하는지, 시기별로 업종별 투자 흐름이 어떻게 변해 왔는지 등 스타트업 시장에 대한 다양한 정보를 알 수 있다. 이 장에서는 스타트업 투자 데이터를 활용해 우리나라의 스타트업 투자 동향과 특성을 분석하고 투자 수요를 파악하며, 이를 바탕으로 앞으로 스타트업에 대한 효율적 투자가 지속해서 이루어질 수 있도록 하기 위한 정부의 역할을 모색하고자 한다. 이 분석에서는 더브이씨 스타트업 투자 데이터베이스의 투자 자료를 사용했으며, 정보가 공개된 유니콘 20개, 2024년 예비 유니콘 13개, 아기 유니콘 43개, 2023년 예비 유니콘 15개, 아기 유니콘 51개를 포함, 총 142개 기업을 대상으로 한정하였다.

아기 유니콘과 예비 유니콘

중소벤처기업부는 기업가치가 1조 원이 넘는 비상장기업을 유니콘으로 정의하고 있으며, 2022년 이 조건을 만족하는 우리나라의 유니콘기업이 총 22개라고 발표했다. 또한 중소벤처기업부는 스타트업의 성장을 촉진하기 위해 투자 실적이 높은 스타트업을 선별해 예비 유니콘 또는 아기 유니콘으로 지정하고 지원하고 있다. 예비 유니콘 지원사업은 2019년에 시작되었으며, 50억 원 이상의 투자 실적을 기록했거나 1,000억 원 이상의 기업가치를 인정받은 비상장기업 중 심사를 통해 성장성, 혁신성을 갖추었다고 판단되는 기업을 매년 사업 대상으로 선정한다. 선정된 예비 유니콘은 기술보증기금을 통해 200억 원의 특별 보증을 받을 수 있으며, 인수합병, 글로벌 컨설팅 및 해외 진출에 대해 지원을 받을 수 있다. 아기 유니콘 사업은 2020년에 시작되었으며, 20억 원 이상 100억 원 미만의 투자 실적을 기록했거나 300억 원 이상의 기업가치를 인정받은 업력 7년 미만의 비상장기업 중 매년 심사를 통해 선정한다. 선정된 아기 유니콘은 시장조사, 마케팅을 위한 3억 원의 보조금과 기술보증기금의 특별 보증 50억 원, 글로벌 투자 유치 활동IR 및 컨설팅, 민관협력과 관련된 상담 지원을 받을 수 있다.

우리나라 스타트업의 지리적 분포는 [표 1], [그림 1]과 같다. 최근 2년간 선발된 아기 유니콘을 비롯해 예비 유니콘과 유니콘 모두 수도권 특히 서울 집중 현상이 두드러지고 있다.

유니콘기업의 지리적 분포는 [그림 2]와 같다. 유니콘은 경기 지역에 있는 1개를 제외하고 전부 서울에 있다. 서울에는 강남구와 서초구에 집중된 가운데 성동구, 용산구, 마포구, 강서구에 각각 하나씩 있다. 특히 전체 20개 중 13개의 유니콘이 밀집된 테헤란로 주변이 유니콘의 중심지로 기능하고 있다.

표 1 **스타트업 소재지별, 종류별 분포**

소재지	2023년		2024년		유니콘
	아기 유니콘	예비 유니콘	아기 유니콘	예비 유니콘	
경기	9	2	7	3	1
경남	0	0	2	0	0
경북	1	2	1	1	0
광주	1	0	2	0	0
대구	1	0	0	1	0
대전	2	0	1	1	0
서울	29	10	26	5	19
세종	1	0	0	0	0
울산	1	0	0	0	0
인천	1	0	2	0	0
전북	2	1	1	0	0
제주	1	0	0	1	0
충남	1	0	0	1	0
충북	1	0	0	0	0
해외	0	0	1	0	0

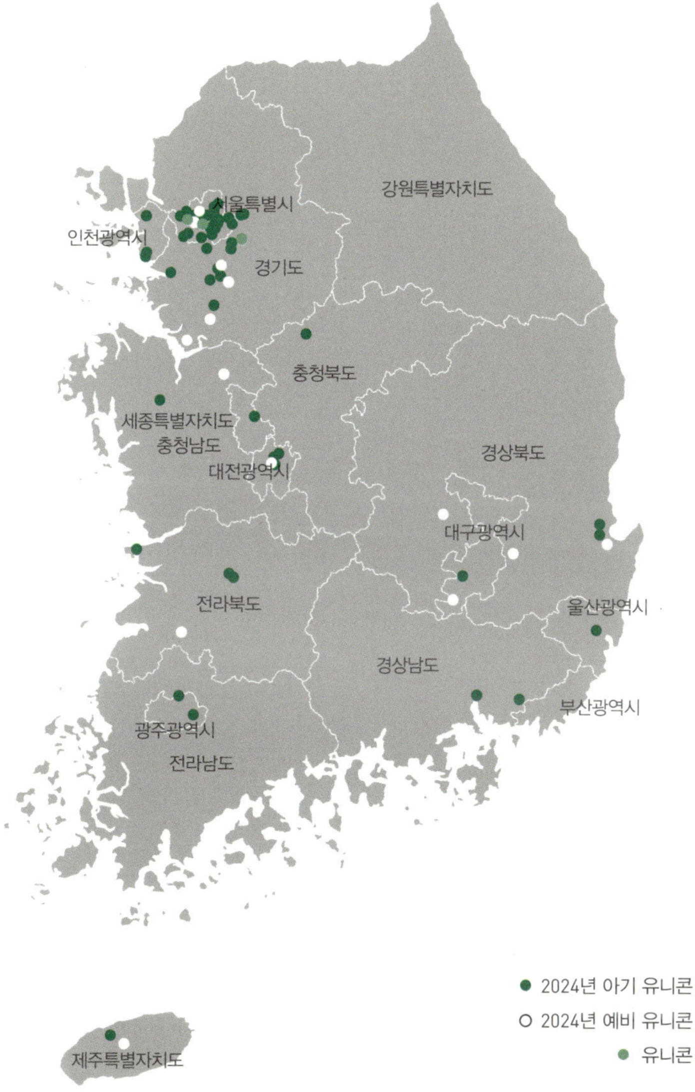

그림 1 **우리나라 유니콘, 예비 유니콘, 아기 유니콘 분포**

그림 2 **우리나라 유니콘기업의 지리적 분포**

유니콘기업 투자, 자본금, 직원 수, 업력

유니콘, 예비 유니콘, 아기 유니콘 기업들의 현황은 [표 2]와 같다. 우리나라 유니콘의 평균 투자액은 4,753억 원이다. 이와 비교해 2024년 예비 유니콘의 평균 투자액은 425억 원으로 유니콘의 약 11분의 1이며, 2023년 예비 유니콘의 경우 803억 원으로 유니콘의 약 6분의 1이다. 2023년 예비 유니콘보다 2024년 예비 유니콘의 투자 액수가 적은 것을 알 수 있다. 아기 유니콘은 2023년 평균 투자액이 81억 원, 2024년 평균 투자액이 66억 원으로

표 2 **종류별 스타트업 현황**

(단위: 억 원, 명, 년)

종류		개수	평균 투자액	평균 자본금	평균 직원 수	평균 업력
2023년	아기 유니콘	51	80.6	5.6	32.7	5.45
	예비 유니콘	15	802.5	16.1	199.1	9.40
2024년	아기 유니콘	43	66.1	2.9	25.2	4.70
	예비 유니콘	13	424.7	19.4	85.8	7.46
유니콘		20	4,752.9	99.6	683.5	11.85

자료: 더 브이씨(The VC) 한국 스타트업 투자 데이터베이스.

예비 유니콘과 비교해 2023년과 2024년의 격차는 상대적으로 적지만 예비 유니콘과 마찬가지로 2024년에 비해 2023년의 투자 액수가 크다.

유니콘기업 중 투자액이 가장 큰 기업은 야놀자로 총 2조 3,190억 원의 투자를 유치했다. 2024년 예비 유니콘 중에는 라포랩스가 700억 원으로 가장 많은 투자를 유치했고, 2024년 아기 유니콘 중에는 루다큐어가 215억 6천만 원으로 가장 많은 투자를 유치했다. 2023년 예비 유니콘 중에는 스마트스코어가 3,045억 원으로 가장 많은 투자를 유치했으며, 2023년 아기 유니콘 중에는 인터엑스가 270억 원으로 가장 많은 투자를 유치했다.

평균 자본금을 비교해 보면 유니콘은 99억 6천만 원, 2024년 예비 유니콘은 19억 4천만 원, 2023년 예비 유니콘은 16억 1천만 원으로, 2024년 예비 유니콘이 2023년 예비 유니콘보다 상대적으로 높은 반면, 2024년 아기 유니콘은 2억 9천만 원, 2023년 아기 유니콘은 5억 6천만 원으로 2023년 아기 유니콘이 2024년 아기 유니콘보다 높았다. 자본금이 가장 큰 유니콘기업은 야놀자로 506억 원인데 이는 유니콘기업 평균 자본금의 다섯 배에 해당하는 수치다. 그 밖에 예비 유니콘이나 아기 유니콘 중 자본금이 가장 큰 기업을 살펴보면 2024년 예비 유니콘은 바이오오케스트라(51억 원), 2024년 아기 유니콘은 아이넥스코퍼레이션(19억 원), 2023년 예비 유니콘은 제이엘켐(46억 원), 2023년 아기 유니콘은 씨에스아이엠(42억 3,500만 원)이 있다.

평균 직원 수를 비교해 보면 유니콘은 약 평균 684명을 고용하고 있으며, 2024년 예비 유니콘은 평균 약 86명을, 2023년 예비 유니콘은 그 두 배가 넘는 평균 약 199명을 고용하였다. 아기 유니콘도 2023년 기업이 평균 32.7명, 2024년 기업이 평균 25.2명으로 2023년에 선정된 기업이 더 많은 직원을 고용하였다. 가장 많은 직원을 고용한 유니콘은 컬리로 2024년 기준 총 2,660명을 고용하였다. 그 밖에 2024년 예비 유니콘 중에는 슈퍼메이커즈가 201명을, 2024년 아기 유니콘 중에는 캡슐미디어가 63명을, 2023년 예비 유니콘 중에는 아이헤이트플라잉버그스가 527명을, 2023년 아기 유니콘 중에는 일레븐코퍼레이션이 102명을 고용해 각 그룹에서 직원 수 1위를 차지했다.

유니콘의 평균 업력은 11.85년이다. 2024년 예비 유니콘의 평균 업력은 7.46년, 2023년 예비 유니콘의 평균 업력은 9.4년으로 나타났다. 2024년 아기 유니콘은 4.7년 2023년 아기 유니콘은 5.45년의 평균 업력을 보인다. 업력이 가장 긴 유니콘은 지피클럽으로 21년, 업력이 가장 짧은 유니콘은 메가존클라우드로 6년이다. 2024년 예비 유니콘 중에는 이그니스와 하이리움산업이 10년으로 가장 업력이 길었고, 2024년 아기 유니콘 중에는 뉴냅스, 바이오트코리아, 씨티엔에스가 7년으로 업력이 가장 오래됐다. 2023년 예비 유니콘 중에는 비브스튜디오스가 18년으로 가장 긴 업력을 갖고 있으며, 2023년 아기 유니콘 중에는 메디사피엔스, 에디스보이오텍, 에이조스바이오, 옵토전자가 8년으로 가장 큰 업력을 갖고 있다.

스타트업 기술과 비즈니스 분야를 분석하다

스타트업의 기술 분야를 살펴보면 [표 3]과 같다. 유니콘은 전자상거래 분야가 20개 중 9개로 절반에 가까운 비중을 차지하고 있으며, 예비 유니콘은 제조, 인공지능, 연구개발 분야가 많고, 아기 유니콘은 연구개발과 인공지능 분야가 많다.

표 3 **종류별 스타트업 기술**

기술	2023년		2024년		유니콘
	아기 유니콘	예비 유니콘	아기 유니콘	예비 유니콘	
3D그래픽·애니메이션	4	1	0	0	0
3D프린터	1	0	1	0	0
VR·AR	1	0	1	0	0
검색	0	0	0	0	1

기술	2023년		2024년		유니콘
	아기 유니콘	예비 유니콘	아기 유니콘	예비 유니콘	
게임개발	0	0	1	0	1
결제	0	0	0	0	1
광고네트워크	1	0	0	0	0
광학	1	0	0	0	0
로봇	1	0	1	0	0
리얼타임 커뮤니케이션	1	1	4	1	0
물류시스템	1	0	0	0	0
블록체인	0	0	2	0	2
빅데이터·분석	2	0	0	0	2
사물인터넷·센서	1	0	1	1	0
소셜네트워크	1	1	0	0	1
연구개발	17	0	9	3	0
음악·영상스트리밍	0	0	1	0	0
음악제작	0	0	0	1	0
이미지·영상제작	1	0	1	0	0
이미지·영상처리	0	0	0	0	1
인공지능	8	3	9	1	0
전자상거래	3	2	5	1	9
제조	4	4	3	4	1
크라우드펀딩	0	0	0	1	0

기술	2023년		2024년		유니콘
	아기 유니콘	예비 유니콘	아기 유니콘	예비 유니콘	
클라우드	3	2	1	0	1
통신·보안	0	0	1	0	0
프로그램개발	0	1	2	0	0

자료: 더 브이씨(The VC) 한국 스타트업 투자 데이터베이스.

스타트업의 비즈니스 분야는 [표 4]와 같다. 전체적으로 바이오·의료 분야가 가장 많고 그 밖에 음식·외식, 콘텐츠, 자동차, 엔터프라이즈 순으로 많았는데 바이오·의료와 콘텐츠 분야는 아기 유니콘이 큰 비중을 차지하고 있다. 특히 바이오·의료 분야는 아기 유니콘 중 항암제 개발에 집중하는 기업이 10개로, 스타트업들의 관심이 높은 분야로 평가된다.

표 4 **종류별 스타트업 비즈니스 분야**

분야	2023년		2024년		유니콘
	아기 유니콘	예비 유니콘	아기 유니콘	예비 유니콘	
VR·AR	1	0	0	0	0
건설·교통	1	0	0	0	0
게임	0	0	1	0	1

분야	2023년		2024년		유니콘
	아기 유니콘	예비 유니콘	아기 유니콘	예비 유니콘	
광고마케팅	0	0	4	0	1
교육	0	2	0	0	0
금융	0	0	0	0	1
물류·유통	3	0	1	0	0
반려동물	1	0	0	0	0
바이오·의료	23	2	13	4	0
반도체·디스플레이	3	2	0	0	0
반려동물	0	0	1	0	0
방송·통신	0	0	1	0	0
보안	1	0	1	0	0
부동산	0	0	1	0	1
뷰티	0	0	1	0	2
블록체인	0	0	2	0	2
쇼핑	1	0	0	0	2
스포츠	1	1	1	0	0
엔터테인먼트	0	0	0	1	0
엔터프라이즈	2	2	1	0	2
여행	1	0	0	0	2
오토바이	0	0	1	0	0
음식·외식	2	3	4	2	3

분야	2023년		2024년		유니콘
	아기 유니콘	예비 유니콘	아기 유니콘	예비 유니콘	
자동차	1	1	4	2	0
제조·3D프린터	1	0	2	0	0
콘텐츠	6	1	2	1	1
패션	3	0	0	1	1
항공기·드론	0	0	0	1	0
헬스케어	0	0	1	0	0
홈·리빙	0	0	0	0	1
환경·에너지	0	1	1	1	0

자료: 더 브이씨(The VC) 한국 스타트업 투자 데이터베이스.

스타트업 동향과 투자 흐름을 살피다

투자 단계별 투자유치

투자 단계의 성격과 규모는 기업마다 다르지만 일반적으로 투자 단계를 구분하는 기준은 다음과 같다. 시드Seed는 기업의 잠재력과 가능성을 보고 투자하는 단계, 시리즈 A는 본격적으로 시장 진출을 준비하는 단계, 시리즈 B는 사업이 안정화되는 단계, 시리즈 C는 스케일업 단계로 간주된다.[1] 스타트업들이 각각 어느 단계까지 투자를 유치했는지를 보여 주는 것이 [표 5]이다. 아기 유니콘은 시리즈 A에 집중되어 있고, 예비 유니콘은 시리즈 B와 C에, 유니콘은 시리즈 C와 D에 집중되어 있다. 아기 유니콘의 경우 2023년 기업 중에는 시리즈 B 투자를 유치한 기업이 10개가 있으나, 2024년에는 1건의 예외적인 인수합병M&A을 제외하고 시리즈 B 이상 투자를 유치한 기업이 하나도 없다. 투자 성과에 차이가 있어 보이지만 2023년 아기 유니콘이 2024년 아기 유니콘보다 평균 업력이 약 9개월 더 많은 것을 고려하면 두 그룹 간에 유의한 차이가 있다고 보기는 어렵다. 특히 2023년 예비 유니콘은 2024년 예비 유니콘보다 업력이 약 12개월 정도 더 크다.

표 5 **종류별 스타트업 최근 투자 단계**

최근 투자 단계	2023년		2024년		유니콘
	아기 유니콘	예비 유니콘	아기 유니콘	예비 유니콘	
Seed	2	0	1	0	0
Pre-A	5	0	8	0	0
A	34	0	32	1	0
B	10	6	0	8	1
C	0	6	0	3	4

최근 투자 단계	2023년		2024년		유니콘
	아기 유니콘	예비 유니콘	아기 유니콘	예비 유니콘	
D	0	1	0	0	5
E	0	0	0	0	2
F	0	0	0	0	1
G	0	0	0	0	1
IPO	0	1	0	0	0
M&A	0	0	1	0	1
Pre-IPO	0	1	0	1	5

자료: 더 브이씨(The VC) 한국 스타트업 투자 데이터베이스.

[표 6]은 스타트업을 자신들이 유치한 가장 최근의 투자 단계를 기준으로 분류한 뒤 그룹별로 투자유치 총액의 평균을 계산한 것이고, [표 7]은 [표 6]과 분류는 같으나 투자유치 총액의 평균이 아닌 합계를 계산한 것이다. 표에서 나타난 바와 같이 다음 단계의 투자를 유치했다고 해서 이전 단계까지 투자를 유치한 기업보다 언제나 투자유치 총액이 큰 것은 아니다. 하지만 이 두 개의 표를 보면 [표 5]보다 2023년 기업과 2024년 기업의 차이가 더 두드러지게 나타나는 것을 알 수 있다.

표 6 **최근 투자 단계 기준 종류별 총투자 금액**

최근 투자 단계	2023년		2024년		유니콘
	아기 유니콘	예비 유니콘	아기 유니콘	예비 유니콘	
Seed	133	0	0	0	0
Pre-A	47	0	55	0	0
A	71	0	69	425	0
B	119	598	0	404	48
C	0	723	0	538	4,303
D	0	546	0	0	2,558
E	0	0	0	0	13,238
F	0	0	0	0	2,199
G	0	0	0	0	14,882
IPO	0	526	0	0	0
M&A	0	0	50	0	0
Pre-IPO	0	3,045	0	251	3,340

자료: 더 브이씨(The VC) 한국 스타트업 투자 데이터베이스.

표 7 최근 투자 단계 기준 종류별 평균 투자 금액

최근 투자 단계	2023년		2024년		유니콘
	아기 유니콘	예비 유니콘	아기 유니콘	예비 유니콘	
Seed	133	0	0	0	0
Pre-A	190	0	440	0	0
A	2,278	0	2,222	425	0
B	1,190	3,585	0	3,230	48
C	0	4,336	0	1,615	17,210
D	0	546	0	0	12,791
E	0	0	0	0	26,475
F	0	0	0	0	2,199
G	0	0	0	0	14,882
IPO	0	526	0	0	0
M&A	0	0	50	0	0
Pre-IPO	0	3,045	0	251	16,700

자료: 더 브이씨(The VC) 한국 스타트업 투자 데이터베이스.

이러한 결과가 나타나는 이유는 두 가지 정도로 추측할 수 있는데 첫째 기업 측면에서 2023년 기업이 2024년 기업보다 투자자들로부터 기업가치를 더 많이 인정받았거나, 둘째 경기하강 등 대외적 요인으로 자금 규모가 점점 축소되면서 뒤늦게 창업한 기업들이 상대적으로 투자 기회를 적게 얻은 결과일 가능성이 있다.

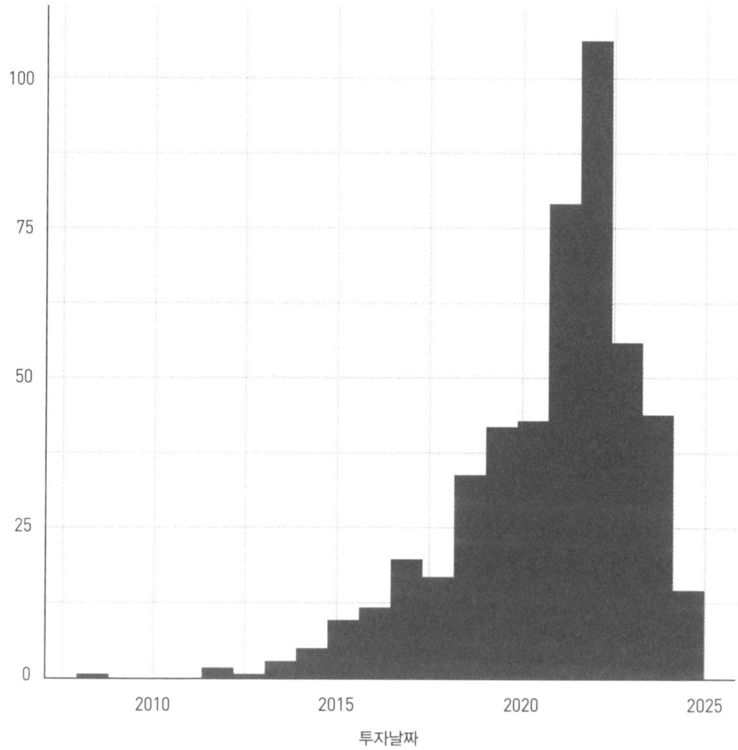

그림 3 **연도별 주요 스타트업 투자 건수 변화**

자료: 더 브이씨(The VC) 한국 스타트업 투자 데이터베이스.

이런 추측을 뒷받침하는 데이터가 [그림 3]이다.

[그림 3]은 이 연구의 분석 대상인 142개 스타트업에 대한 투자 건수를 연도별로 집계한 것이다. 투자 액수를 고려하면 결과는 다소 달라질 수 있지만 국내 스타트업에 대한 투자는 2010년 이래 폭발적으로 증가하여 2022년 정점을 찍고 최근에는 급

격히 하락하는 모습을 보인다. 이를 통해 특히 2022년 이전에 투자를 유치한 기업이 그 이후에 투자를 유치한 기업에 비해 더 많은 기회를 얻었을 것으로 추론할 수 있고 업력이 상대적으로 적은 2024년 예비 유니콘과 아기 유니콘이 적은 투자를 받은 사실을 설명할 수 있다.

국내 스타트업의 해외 투자 유치

스타트업이 유니콘으로 성장하려면 글로벌시장에 진출하는 것이 중요하다. 그렇기에 글로벌시장에서의 성공 가능성 지표로 해외투자의 중요성이 오랫동안 강조되었다. 과거에는 국내 스타트업에 대한 해외투자가 드물었으나 유니콘을 포함한 주요 142개 스타트업의 투자 중 해외투자 사례를 별도로 추출해 보면 몇 가지 주요한 특성을 발견할 수 있다.

표 8 **종류별 스타트업 해외투자**

종류		평균 업력(년)	해외투자(건)	평균 건수	평균 소요일
2023년	아기 유니콘	3.6	12	0.24	709
	예비 유니콘	8.2	19	1.27	799
2024년	아기 유니콘	3.1	13	0.30	864
	예비 유니콘	5.9	12	0.92	864
유니콘		9.4	118	5.90	2,111

유니콘의 경우 평균 5.9건의 해외 투자를 유치했다. 예비 유니콘을 2023년과 2024년으로 나누어 비교해 보면 2023년 예비 유니콘이 평균 1.27건, 2024년 예비 유니콘이 평균 0.92건으로 약간의 차이가 있다. 하지만 2023년 예비 유니콘의 평균 업력이 2년 넘게 길다는 사실을 감안하면 두 그룹 사이에 해외투자 실적이 유의한 차이가 있다고 판단하긴 어렵다. [표 8]의 마지막 칼럼은 설립 이후 최초 해외투자 유치까지 소요된 시간을 계산한 것이다. 2024년 기업이 아기 유니콘과 예비 유니콘에 상관없이 소요 시간이 일치한다는 점이 특이하고, 유니콘의 경우 2,111일(약 5.8년)로 소요 시간이 매우 길어진다는 사실을 보면 국내 기업에 대한 해외투자는 기업의 개별적인 업력보다 해외투자가 활성화된 시점에 더 크게 영향을 받는다는 사실을 알 수 있다. [그림 4]는 142개 주요 스타트업의 해외투자 건수를 시간별로 나타낸 그래프이다. 해외투자는 2018년부터 급격히 증가했고 코로나19 시기였던 2020년과 2021년에 크게 감소했다. 이는 유니콘기업들 또한 2018년 이전에는 해외투자의 기회가 적었음을 암시한다.

[그림 5]는 142개 주요 스타트업에 대한 174개 해외투자 건수를 투자 단계별로 집계한 것이다. 시리즈 D 시기 투자 건수가 가장 많고 그다음이 시리즈 C 시기이다. 국내 투자의 경우 시리즈 B 시기 이후 투자 건수가 급격히 줄어든다는 점을 감안하면 해외투자는 국내 투자에 비해 성숙한 기업에 대한 투자 비중이 상대적으

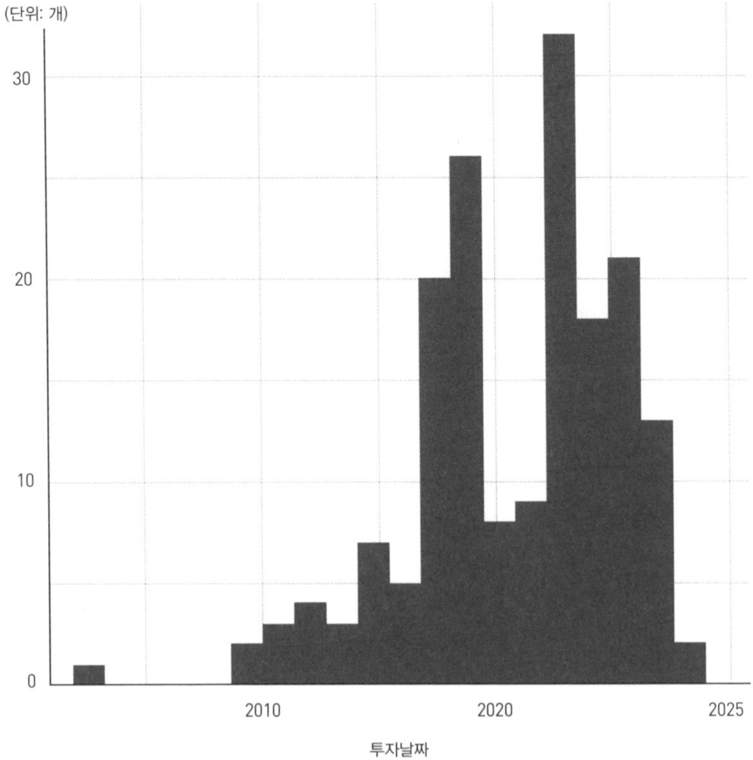

그림 4 **연도별 주요 스타트업 해외투자 건수 변화**

자료: 더 브이씨(The VC) 한국 스타트업 투자 데이터베이스.

로 크다고 볼 수 있다.

지금까지 스타트업 투자 데이터를 중심으로 국내 주요 스타트업의 동향과 투자 흐름을 살펴보았다. 국내외 투자도 국내에 창업 붐이 일어났던 2010년대 후반 이후 급증했다가 코로나19 이후 세계적인 경기침체 우려로 감소하는 추세다. 이런 흐름과 더불어

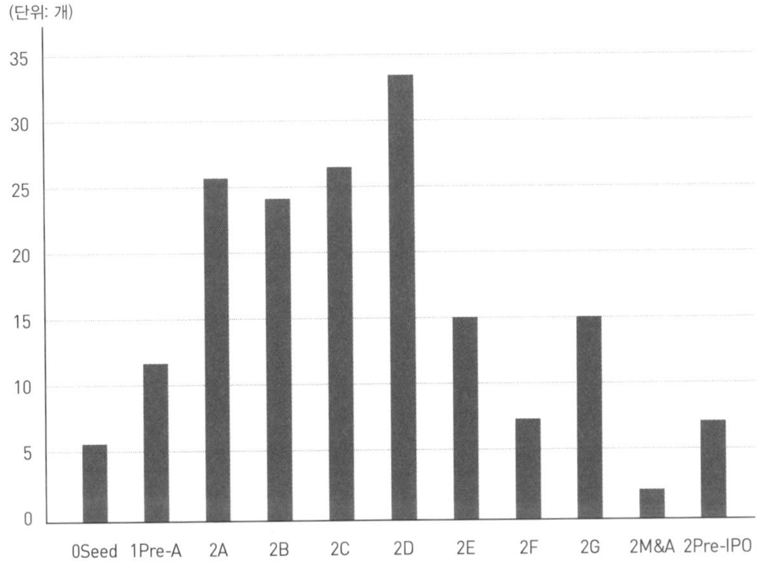

그림 5 **투자 단계별 해외투자 건수**

자료: 더 브이씨(The VC) 한국 스타트업 투자 데이터베이스.

스타트업 분야에서도 저변 확대를 위한 투자가 많았다면 이제는 선택과 집중으로 투자 유형이 변화하는 흐름이 관찰되고 있다. 스타트업에는 힘든 시기가 될 수 있지만 한편으로는 옥석 가리기를 겪으며 스타트업 생태계가 더욱 성숙해지는 계기가 될 수 있을 것이다.

3장

유니콘 창업을 위한 혁신 생태계

◈ 안준모 ◈

고려대학교 교수

혁신 생태계는 어떻게 조성되는가?

아프리카 속담에 "한 아이를 키우려면 온 마을이 필요하다It takes a village to raise a child"라는 말이 있다. 한 명의 아이가 제대로 성장하려면 다양한 계층과 분야의 사람이 아이의 성장을 도와야 한다는 뜻이다. 기업의 성장도 크게 다르지 않다. 스타트업, 그중에서도 성장잠재력이 높은 유니콘기업이 제대로 성장해서 자리잡기 위해서는 여러 혁신 주체innovation actor가 제 역할을 하는 활력 있는 혁신 생태계innovation ecosystem가 조성되어야 한다. 다시 말해 혁신 생태계는 유니콘기업이 자라나기 위한 밑거름이자 토양이라고 볼 수 있다. 기술혁신 정책의 역사를 살펴볼 때 혁신 생태계의 개념은 하루아침에 탄생한 것이 아니다. 기술개발에 꾸준히 투자해야 한다는 논리를 제공한 기술추동형 모델technology push model

과 시장의 수요가 기술혁신을 이끈다는 시장견인형 모델market pull model이 차례로 발전하고 충돌하며, 정반합의 변증법적 진화를 한 것이 혁신 생태계이다.

혁신 생태계 이론의 발전

기술추동형 모델과 시장견인형 모델

기업의 기술혁신과 성장을 연구하는 혁신학에서 가장 중심이 되는 이론은 혁신 생태계 또는 국가혁신체계 이론이다. 이 이론은 1990년대 영국 서섹스대University of Sussex, 과학기술정책연구소Science Policy Research Unit, SPRU의 크리스토퍼 프리먼Christopher Freeman 교수, 덴마크 올보르대Aalborg University의 베냇-오케 룬드발Bengt-Åke Lundvall 교수를 중심을 발전한 이론이다. 기술혁신 과정에서 발생하는 상호 학습과 지식 확산, 공진화co-evolution에 기반한 경로 의존적 발전을 강조한 이론으로 기존의 기술추동형 모델이나 시장견인형 모델의 한계를 극복한 종합 이론이다.

근대과학과 산업혁명을 꽃피운 유럽에서 기술혁신이 정형화되고 체계화되기 시작했지만 본격적인 이론으로 정립되고 특히 정부의 역할이 강조되기 시작한 것은 제2차 세계대전 이후라고 볼 수 있다. 제2차 세계대전 종식을 바로 앞둔 1945년 7월, 미국은 종전 후 패권국으로서 위상을 공고히 하기 위한 고민을 시작하게 된다. 제2차 세계대전 전까지만 하더라도 미국은 세계 패권국가가 아니었으나 전쟁에 필요한 연합군의 군수품 대부분을 미국에서 생산하게 되면서 자연스럽게 유럽 자본이 미국에 집중되었다. 더욱이 제2차 세계대전 말에 미국이 참전하면서 승전국의 지위를 가지게 되었고, 독일군이 보유하고 있던 다양한 과학기술을 미국이 그대로 흡수하고 아인슈타인을 비롯한 유태인 과학자들이 미국으로 망명하면서 기술혁신 강국의 밑거름이 조성되었다.

제2차 세계대전이 거의 끝나가던 1944년 11월 17일 당시 미국 대통령이었던 루스벨트 대통령은 과학연구개발국Office of Scientific Research and Development의 소장이었던 버니바 부시Vannevar Bush에게 미국의 과학기술 발전 방안을 자문하게 된다. 1945년 7월 부시는 그 유명한 대통령 자문보고서인 '과학, 그 끝없는 미개척지Science, the Endless Frontier'라는 보고서를 제출하는데, 이 보고서는 과학기술 투자가 경제발전을 이끌 수 있다는 기술추동형 모델의 강력한 근거 중 하나가 되었다.

미국 정부는 부시의 제안에 따라 국립과학재단National Science Foundation을 설립하여 분야별 학술 연구와 인재 육성에 힘을 기울였으며, 제2차 세계대전 후 시작된 미국과 소련의 냉전시대는 양국의 과학기술 투자 경쟁을 더욱 격화시켰다. [그림 1]에 나타나 있는 것처럼 기술추동형 모델은 정부나 민간기업이 과학기술에 투자하여 좋은 기술을 개발하면 이러한 기술을 상용화하여 시장의 요구를 충족한다는 논리다. 이는 과학기술 지식을 일종의 공공재로 보고 국가 차원에서 좋은 기술을 많이 개발해 놓으면 자연스럽게 확산되면서 결실을 거두게 된다는 접근으로 정부가 주도하는 투자 논리의 근거가 되었다. 냉전시대의 미국과 소련의 군사기술 경쟁, 스푸트니크Sputnik와 아폴로Apollo로 대표되는 우주기술이 대표적인 예라고 볼 수 있다.

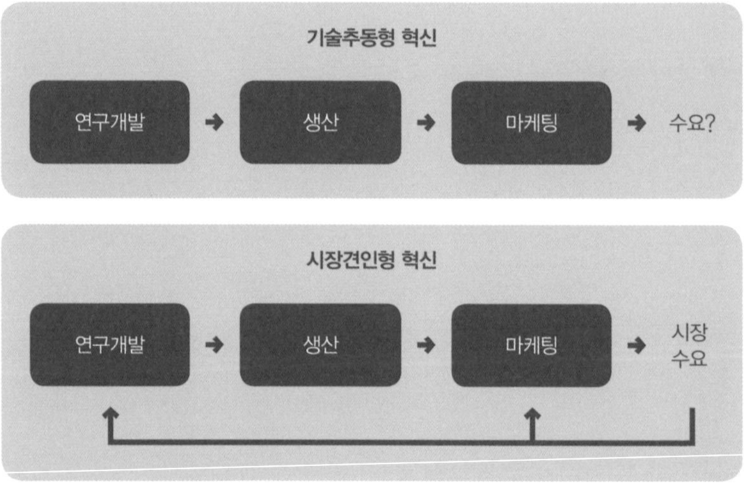

그림 1 **기술추동형 모델과 시장견인형 모델**

자료: Voss, C. A., 1984, Technology push and need pull: A new perspective, *R&D Management*, 14(3): 147~151.

한동안 기술추동형 모델이 주요 혁신 이론으로 자리매김했지만 곧 시장견인형 모델의 도전을 받게 된다. '닭이 먼저인가 달걀이 먼저인가?'라는 질문처럼 확실한 답을 찾기는 어렵지만 학자들이 기술혁신의 시작이 어디냐에 대한 근원적인 질문을 하기 시작했기 때문이다. 기술추동형 모델에서는 기술혁신은 연구개발에서 시작해서 종국에는 시장의 수요를 충족시키게 된다. 그러나 많은 사례는 시장의 수요가 먼저 발생하고 이를 충족시키기 위해 연구개발을 시작한 뒤 개발된 기술이 상품화되고, 사업화된다는 기존과 다른 기술혁신 경로를 보여 준다. '스노보드'가 대표적인 시장견인형 혁신의 대표 사례이다. 1965년 미국의 셔먼 포펜Sherman Poppen이라는 서퍼가 딸의 스키 두 쪽을 묶은 '스너퍼Snurfer'라는 발명품을 만드는데, 나중에 스케이트보드 선수였던 제이크 버턴Jake Burton이 스케이트보드를 좀 더 잘 조정하기 위해 보드의 바퀴를 떼어 내고 대신 가죽끈을 단 스너프 프레익Snurf freak을 만든다. 제이크 버턴은 겨울에 스케이트보드를 즐길 수 없으니 이를 상품화해서 많은 사람이 스노보드를 즐기게 하고 싶었고, 여러 스키회사와 미팅을 해보았지만 마땅한 해결책을 찾지 못했다. 결국 그는 미국 버몬트에 자신의 이름을 딴 회사 '버턴Burton'을 세우고 보드를 제작하여 스노보드라는 기존에 없던 제품을 만들었다. 이후 버턴은 전 세계 스노보드 시장의 약 40퍼센트를 점유하는 선도회사로 발돋움하게 된다. 시장의 수요가 필요한 기술을 발전시킨 사용자 혁신user innovation인 것이다.

대안적 혁신 모델의 탐색

버턴의 스노보드나 레고Lego의 IDEAS 같은 다양한 사용자 혁신 사례가 등장하면서 학자들 사이에서도 기술추동형 모델과 시장견인형 모델 사이에 논쟁이 시작된다. 한쪽 모델을 지지하는 학자들은 반대 사례는 예외적인 경우일 뿐 기술추동형 또는 시장견인형 모델이 주요한 기술혁신 모델이라고 주장하며 각 모델의 논리를 보강하기 위한 논쟁을 펼쳤다.

그러나 두 모델을 하나로 융합하여 대안적 모델을 제시하려는 노력도 있었는데 선형연쇄 모델chain-lined model이 대표적이다. 1970~1980년대 초 기술추동형 모델과 시장견인형 모델의 논쟁이 한창이던 1985년 클라인Kline과 로젠버그Rosenberg라고 하는 학자는 [그림 2] 같은 선형연쇄 모델을 제시했다. [그림 2]는 복잡하게 생겼지만 사실 찬찬히 뜯어보면 [그림 1]에 제시된 기술추동형 모델과 시장견인형 모델의 기계적 결합이라는 것을 알 수 있다. 그림 아래쪽은 시장견인형 모델이며 위쪽은 연구 활동이 새로운 지식을 창출하여 각 단계의 혁신을 돕는 기술추동형 모델을 나타내고 있다. 두 모델 간의 지난한 논쟁 대신 두 모델을 기계적으로 결합하여 보다 보완된 기술혁신 모델을 제시하려고 했던 것이다.

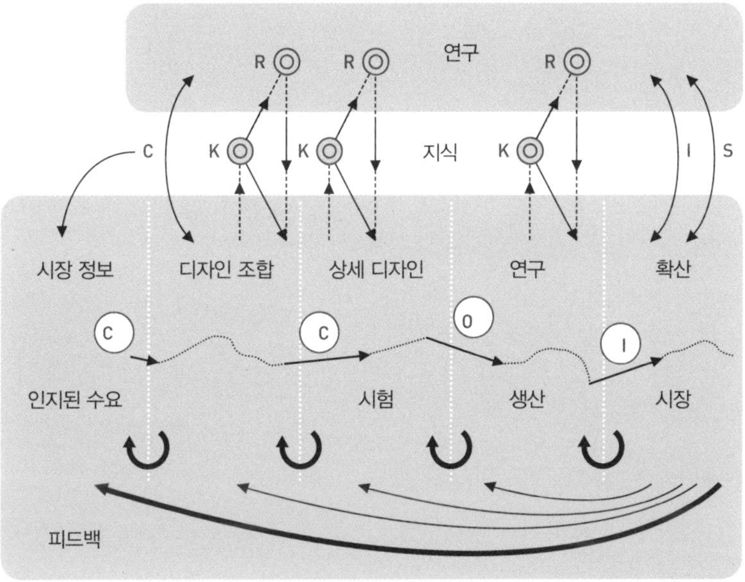

그림 2 **선형 연쇄 모델**

자료: Kline, S. J., 1985, "Innovation is not a linear process", *Research management*, 28(4):36~45.

혁신 생태계 이론의 등장

[그림 2] 같은 대안적 혁신 모델이 기술추동형 모델과 시장견인형 모델 간 논쟁의 임시적인 해결책은 될 수 있었는지 모르지만 근본적인 융합 모델은 되지 못했다. 1990년대 접어들며 정보통신기술Information and Communication Technology, ICT이 빠르게 발전하고 소련이 해체되면서 전 세계가 급속한 자유화를 경험하였고, 이에 힘입어 기술혁신 양상도 이전과 달리 매우 복잡해졌기 때문이다.

특히 기존에는 미국이나 영국, 독일, 프랑스 등 서방국가가 기술혁신을 선도했지만, 1990년대 들어 일본이 자동차와 반도체 분야에서 미국을 앞지르기 시작했다. 그리고 소위 아시아의 네 마리 용이라는 한국, 대만, 홍콩, 싱가포르가 기술혁신을 앞세워 선진경제국으로 도약하자 기술추동형 모델과 시장견인형 모델은 물론 선형연쇄 모델 같은 대안적 혁신 모델도 한계가 명확하게 드러났다. 이러한 기존 모델들은 지엽적인 관점에서 기술혁신을 논했기 때문이다.

여러 학자가 아시아의 네 마리 용 같은 선진국과 다른 발전 경로를 가진 국가들을 연구하면서 기술혁신이 단순한 연구개발뿐 아니라 국가 차원의 인재, 금융, 사회 인프라 등 다양한 요소가 얽혀 있다는 것을 깨달으면서 시스템적인 접근이 필요하다는 데 인식을 같이하게 된다. 다시 말해 현재의 혁신 생태계 이론의 근간이 되는 국가혁신체계 이론이 정립되기 시작한 것이다.

국가혁신체계는 영국 서식스대의 SPRU을 설립한 프리먼 교수와 덴마크 올보르대의 룬드발 교수가 이론 체계를 정립하는 데 크게 기여했으며, 기존 전통적 경제학(신고전학파)과 결이 다른 진화경제학evolutionary economics에 그 뿌리를 두고 있다.

OECD에서 기술혁신 관련 조직Directorate for Science, Technology and Innovation을 설립하기도 했던 프리먼은 아시아 국가들과 신흥 선진국(한국, 싱가포르, 홍콩, 대만)을 연구하면서 이들의 경제성장 경로가 선진국과 다르다는 것을 알게 된다. 즉 이들이 선진국에서 흔히 발견되는 경제성장 전략과 다른 방식으로 발전해 왔다는 것인데, 프리먼은 그 원인으로 국가마다 다른 시스템을 주목한다. 국가마다 다른 금융, 교육, 물류 인프라, 산업구조 등을 가지고 있기 때문에 기술혁신을 통한 경제성장에 한 가지 답만 존재하지 않는다는 것이다. 다시 말해 모든 나라가 다른 혁신 생태계를 가지고 있기 때문에, 한 나라가 체계적이고 지속 가능한 성장을 이루기 위해서는 혁신 생태계를 진단하고 어디에 문제가 있는지를 파악해야 하는 것이 그의 의견이다.

[그림 3]은 OECD가 제시한 국가혁신시스템, 즉 혁신 생태계의 개념을 나타낸다. [그림 3]을 보면 단순히 민간기업만 있는 게 아니다. 혁신을 이끌 인재를 육성해서 공급하는 교육 및 직업훈련 시스템, 정보통신 인프라, 거시경제와 규제 환경 등 다양한 요소가 국가혁신시스템을 구성하면서 상호작용하며 국가 차원의 성과(경제성장, 고용 창출, 경쟁력 제고)를 만들어 낸다.

[그림 3]을 자세히 보면 특이하게도 대부분의 화살표가 양방향으로 되어 있으며, 원형 형태로 구성되어 크게 보면 순환구조를 가지고 있다. 이는 국가혁신시스템을 이루는 주요 혁신 주체 간의 상호작용이라고 볼 수 있는데, 가운데 있는 네모 박스를 보면 지식의 생성과 확산, 그리고 활용이라고 되어 있다. 즉 국가혁신시스템은 다양한 혁신 주체가 지식을 매개로 상호작용을 하며 발전한다는 뜻이다. 덴마크 올보르대의 룬드발 교수는 이러한 조직의

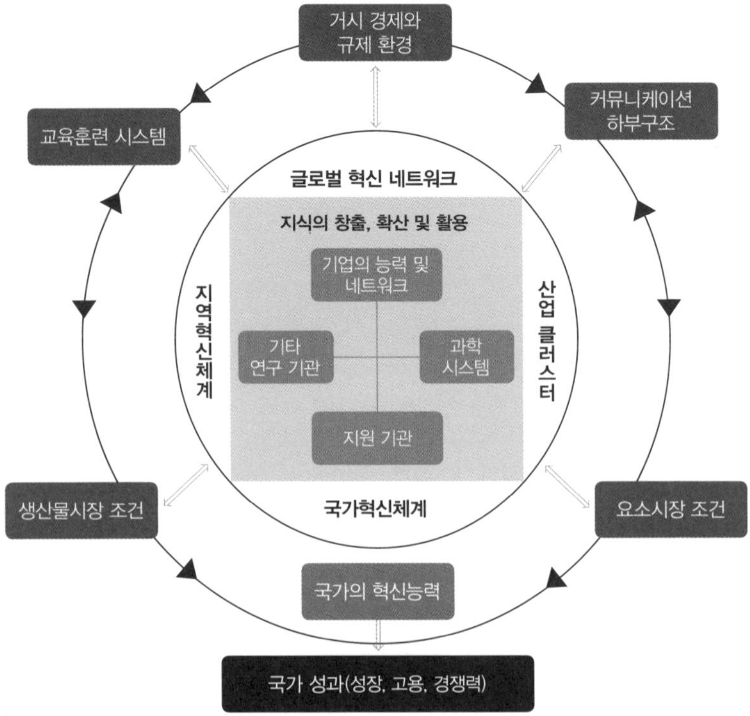

그림 3 **국가혁신시스템(혁신 생태계) 개념**

자료: OECD, 1999, *Managing National Systems of Innovation*, OECD Publishing.

학습, 지식의 확산 작용을 혁신 생태계의 중요한 특성이라 보고 이에 주목하였다.

이와 같이 국가혁신시스템은 다양한 혁신 주체의 네트워크와 지식의 생산과 확산, 활용을 통한 상호작용이 핵심적인 개념이며, 이 때문에 혁신 생태계 이론이라고도 불린다. 이러한 점에서 기업·대

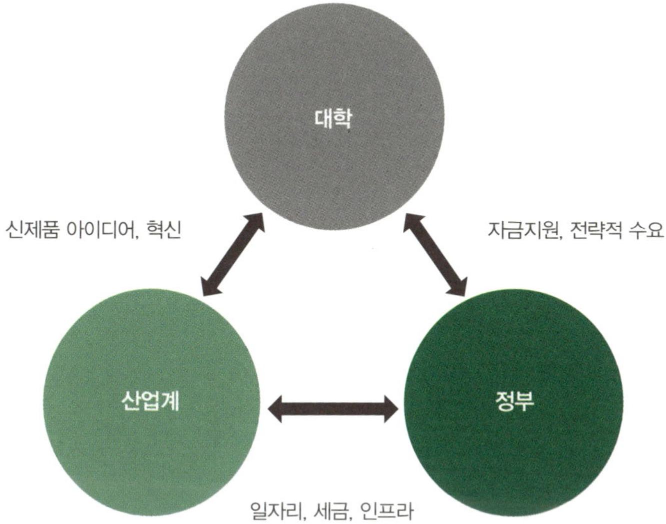

그림 4 삼중나선구조 모델

자료: Leydesdorff, L., & Etzkowitz, H., 1998, "The Triple Helix as a Model for Innovation Studies",. *Science and Public Policy*, 25(3):195~203.

학·정부의 상호작용을 강조한 삼중나선구조 모델tripple helix model도 혁신 생태계를 설명하는 여러 모델 중 하나라고 볼 수 있다. 여러 혁신 주체를 기반으로 한 국가혁신시스템에서 가장 핵심적인 혁신 주체인 기업(산업)과 대학, 정부의 상호작용을 강조하고 있는데, [그림 4]에서처럼 기업(산업)은 제품과 서비스를 개발하고 일자리를 만들어 내며, 대학은 혁신에 필요한 지식과 인력을 제공하고 정부는 대학의 연구를 지원하고 산업 활동에 필요한 인프라를 구축한다.

이러한 혁신 생태계 이론들은 기존의 신고전경제학과 다르게 혁신을 해석하고 있다. 혁신 생태계 이론에서 해석하는 혁신의 개념은 다음과 같다. 첫째, 혁신을 동태적dynamic이고 누적적인cummulative 과정으로 본다. 기존에는 기술혁신을 특정한 시간과 장소에 국한되어 일어나는 정적인 이벤트로 해석했는데, 혁신 생태계 이론은 이를 시간에 따라 변화하고 진화하며 학습을 통해 누적되는 과정으로 해석했다. 둘째, 혁신은 어디에나 존재한다. 보통 첨단사업에서만 기술혁신이 일어난다고 오해하기 쉬운데 사실 그렇지 않다. 혁신은 전통산업이나 기존 산업을 가리지 않고 제품, 공정, 서비스 등 전반에 걸쳐 발생한다. 셋째, 기업은 혁신을 위해 다양한 종류의 원천을 활용한다. 내부 연구개발이 중요한 역할을 하긴 하지만 룬드발이 강조했듯이 혁신 생태계에서 다양한 지식을 학습하는 것이 중요하다. 그래서 기업은 학술회의, 학회, 언론, 컨설팅 회사, 고객 등 다양한 정보 원천에 접근해야 한다. 넷째, 기업은 협력을 통해 학습 역량을 구축하게 된다. 혁신 생태계 내의 다른 혁신주체, 즉 대학과 국공립연구소, 심지어 경쟁사와도 협력하는 상호작용을 통해 조직 차원의 학습이 이루어진다. 다섯째, 혁신은 불확실하고 예측하기 어렵다. 보통 기업은 경영에 있어 불확실성을 최소화하려고 노력하지만 종종 혁신은 우연히 이루어지기도 한다. 여섯째, 혁신에는 지역적, 산업별 차이가 존재한다. 국가혁신시스템이 국가별 차이를 강조하는 것처럼 지역별, 산업별로도 하위 혁신 생태계가 다양하게 구성될 수 있기 때문에 이러한 차이를 인지해야 한다. 일곱째, 혁신은 시스템이다. 기존의 기술추동형 또는 시장견인형 모델 이론에서는 개별 기업 단위에서 기술혁신을 이해하려고 노력했지만, 혁신 생태계에서는 다양한 혁신 주체의 상호작용을 통해 혁신이 이루어지고 사회 관습적으로 제도적으로 발전할 수 있다고 보았다. 여덟째, 지역적, 산업적 클러스터와 장기적 관계가 중요하다. 국가혁신시스템이 생태계를 강조하기 때문에 이러한 생태계가 지역단위로 구성되어 존속될 수 있는 소위 클러스터가 필요하다. 마지막으로 혁신은 기존에 형성된 시스템의 발전 과정에 의존하는 경로의존성을 가진다. 국가마다 혁신시스템이 다르게 구성되어 있고, 그리고 그 이유가 있기 때문에 발전 경로와 완전히 결이 다른 혁신이 이루어지기는 힘들다. 앞서 언급했듯이 혁신은 동태적이자 누적적이기 때문에, 기존 경로를 따라 누적하여 발전하는 경향이 있다.

이러한 국가혁신시스템 이론은 기술혁신을 보는 시각을 바꾸어 놓았다. 특히 관계, 기업, 정부에 관한 시각이 기존 이론과 차별화된다. 먼저 다양한 혁신 주체의 상호작용을 강조하면서 협력과 경쟁, 경쟁적 협력 등 다양한 관계가 발전하게 되었다. 둘째 기업을 보는 시각이 바뀌었다. 기존에는 기업을 이익의 극대화를 추구하는 단순한 조직으로 보았지만, 국가혁신시스템에서는 기업이 다양한 혁신 주체와의 상호작용을 통해 지식을 활용하면서 발전하는 학습조직으로 해석된다. 셋째, 정부와 공공의 역할을 바라보는 시각이 바뀌었다. 신고전경제학에서는 '보이지 않는 손'에 의해 시장이 자율적으로 조정되는 것을 강조했으나, 혁신 생태계 이론에서는 불확실성이 높은 혁신을 촉진하기 위해 정부가 다양한 정책 개입을 할 것을 주문하고 있다. [표 1]은 이러한 신고전자유주의 경제학과 진화경제학에 기반한 혁신 생태계 이론의 차이를 보여 준다.

표 1 **주류 경제학과 혁신 생태계의 차이점**

	주류 경제학(신고전자유주의)	혁신 생태계(진화경제학)
과정	정적인 과정	동적인 과정
발전 경로	역사와 무관	경로 의존적
기술에 대한 시각	외생적(exogenous)	내생적(endogenous)
분석과 해석	(주로) 개별 기관 단위	시스템 단위
지향점	최적화	다양한 해결책
주체	대표적인 기관	다양한 주체, 다양성
중요 시장 요소	가격	비가격
제도	제도 배제	제도를 포함
핵심 개념	이익 최대화	만족(제한된 이성)
자원에 대한 시각	배분	혁신

국가혁신시스템 이론이 왜 인기가 있었을까? 여러 설명이 있을 수 있지만 현실 세계의 혁신 생태계를 보다 잘 설명할 수 있었기 때문일 것이다. 간단히 정리해 보면 다음과 같다. 첫째, 혁신을 변증법적 개념으로 해석했기 때문이다. 기술추동형 모델이나 시장견인형 모델은 혁신을 결과물로 보았다. 그러나 혁신시스템 이론은 국가 단위의 시스템을 다양한 혁신 주체와 만들어 간다는 거시적 구조주의 개념을 받아들였기 때문에 발전과 변화를 수용할 수 있었다. 둘째, '과학적 발견 – 기술개발 – 제품 생산'이라는 선형적 해석의 한계를 극복했기 때문이다. 앞서 언급한 바와 같이 현실 세계의 기술혁신은 기술추동형 모델이나 시장견인형 모델 하나로 완전히 설명하기 어렵다. 혁신은 때로는 순환적이고 우연하게 발생할 수 있기 때문에 선형적 과정에 얽매이지 않는 게 중요하다. 셋째, 선진국의 모형이 만능이 아니라는 것을 보여 주기 때문이다. 근현대의 기술혁신을 서양이 선도하고 있지만 그렇다고 서방 선진국의 모델이 개도국에도 그대로 유효한 것은 아니다. 국가마다 다른 발전 궤적을 가지고 있고 주어진 조건(교육, 인프라, 자원 등)도 제각각이기 때문에 얼마든지 대안적 모델이 나올 수 있다. 우리나라의 경우 선진국과 다른 압축성장을 통해 단기간에 경제성장을 이뤘으며, 이는 추격형 모델catch-up model이라고 하는 개도국 모델이 존재함을 실증한다. 넷째, 스타트업 같은 혁신 주체들의 학습과 성장을 동적으로 설명할 수 있기 때문이다. 전술한 바와 같이 스타트업을 육성하는 것은 마을이 한 명의 아이를 키우는 것과 유사하다. 자본투자도 필요하고 인재도 필요하며 산학연 협력 같은 네트워킹과 지식 학습 채널도 필요하다. 혁신적인 스타트업을 육성하기 위해서는 엄마, 아빠 역할을 할 핵심 지식 기관과 대학, 좋은 인프라 등이 뒷받침되어야 한다. 국가혁신시스템 이론이 혁신 생태계 내 혁신 주체 간 상호작용과 학습을 통한 공진화를 강조하고 있기 때문에 국가의 스타트업 육성 지원의 근거가 될 수 있다.

혁신 생태계의 개념과 사례

혁신 클러스터의 개념

혁신 생태계가 중요하다는 것은 혁신을 기반으로 성장하고 있는 국가들이 혁신 클러스터innovation cluster를 가지고 있음을 보면 알 수 있다. 미국에는 유명한 실리콘밸리, 보스턴 바이오 클러스터, 리서치 트라이앵글Research Triangle이 있다. 보통 혁신 클러스터라 하면 수평 또는 수직적으로 관련된 기업과 혁신 주체(대학, 연구소, 정부, 지원기관)들이 상호작용하며 새로운 지식과 기술을 창출하는 결집체 또는 이러한 활동이 발생하는 지역을 지칭한다. 또한 제한된 밀집 지역에서 특정 산업과 관련 있는 기업, 대학, 연구기관, 다양한 참여 주체가 상호작용하는 네트워크로 정의되기도 한다. 국가혁신시스템 이론에 따르면 혁신 클러스터의 구성 주체는 다양하다. 먼저 클러스터가 성공적으로 형성되고 지속 가능하려면 거점 역할을 하는 대기업의 존재가 필요하다. 중소기업만으로도 혁신 클러스터를 구성할 수 있으나 자생력 확보 차원에서 대기업이 중요한 역할을 하는 경우가 많다. 둘째, 중소기업과 스타트업도 중요하다. 중소기업은 거점 기업과 함께 혁신 생태계를 구성하는 중요 요소이며, 스타트업은 기업 네트워크뿐 아니라 대학에서의 창업 등을 통해 기술을 확산하는 주요 매개체 역할을 한다. 셋째, 대학과 연구기관도 중요하다. 이들은 클러스터 소재 기업에 지식 공유와 확산을 가능하게 하는 원천이다. 대학과 연구기관은 새로운 기술의 스핀오프spin-off를 통한 창업 촉진은 물론 기술지식을 상업화하고 기술의 개량을 통해 시장 접근성을 높이는 등 기업의 경제활동 전반에 걸쳐 경쟁력 향상에 기여한다. 성공한 클러스터는 다수의 특허와 연구력을 보유한 대학이나 연구소가 주변의 기업과 왕성한 교류와 협력을 통해 상승효과를 누리는 경우가 많다. 넷째, 특화된 지원조직도 필요하다. 이 지원조직을 클러스터 주체 간의 협력과 네트워크 활성화를 지원하는 기관을 의미하며, 컨설팅 조직, 에이전시 기관 등이 있을 수 있다. 마지막으로 중앙정부와 지자체도 중요하다. 이들이 클러스터 내 규제 해소, 연구개발 자금 공급 등 다양한 지원 업무를 담당하며 여러 혁신 주체를 연계하는 도우미 역할을 하기 때문이다.

혁신 클러스터 사례: 숯검댕이 땅을 혁신의 성지로 바꾸다!

흔히 성공적인 혁신 클러스터 사례로 미국의 실리콘밸리, 영국의 케임브리지 사이언스파크, 미국의 리서치 트라이앵글 등을 드는데, 이들은 대학 중심의 혁신 클러스터이며 상향식으로 성장한 측면이 크다. 그러나 이와 달리 지역 정부가 주도한 스타트업이 꽃필 수 있는 혁신 클러스터 사례가 있다. 바로 네덜란드의 브라이트랜드Bright Land로 우리나라 강원도 정선의 카지노와 비슷한 스토리가 있기에 비교하기 좋은 사례다.

인천공항에서 네덜란드 암스테르담 공항까지는 약 14시간이 걸린다. 여객기 속도를 평균 시속 800킬로미터로 잡으면 약 1만 1,200킬로미터 정도의 거리다. 지구 반지름이 대략 6,300킬로미터이니, 네덜란드는 거의 지구의 지름만큼 멀리 떨어진 나라라고 할 수 있다. 멀리 떨어져서 그런지 언어는 물론, 문화나 생각하는 방식도 많이 다르다. 그래서 비슷한 상황에서 내린 정책적 의사결정과 그 결과도 사뭇 다르다.

네덜란드, 독일, 벨기에 접경지역에 있는 림뷔르흐주는 석탄이 풍부한 전략적 요충지였다. 석탄이 중요했던 제2차 세계대전 당시 연합군과 독일군은 이 지역을 차지하기 위해 치열한 전투를 거듭했고, 결국 제2차 세계대전이 연합군의 승리로 끝나며 네덜란

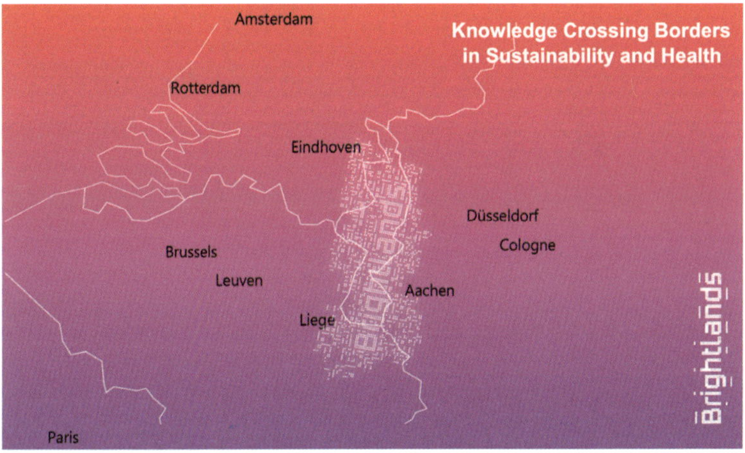

그림 5 독일과 벨기에의 접경지역이자 탄광지역인 브라이트랜드

자료: https://www.brightlands.com(브라이트랜드 홈페이지).

드가 이 지역을 차지하게 된다. 그러나 1960년대 들어 석탄 수요가 점차 줄어들고 석유가 주요한 자원으로 석탄을 대체하면서 지역경제도 곤두박질치게 된다. 우리나라도 비슷한 경험을 했다. 1980년대 탄광산업이 몰락하면서 태백시, 정선군 등의 지역경제가 악화되었기 때문이다.

상황은 비슷했지만, 정책적 처방은 달랐다. 우리나라는 1995년 "폐광지역개발지원특별법"을 만들어서 10년 기한으로 내국인의 카지노 입장을 허용했고, 외국인 내장객 수가 적었기 때문에 내국인 입장을 계속 연장해 왔는데 2021년에 이를 20년 연장하여 2045년까지 내국인 출입이 가능하다. 카지노 수입을 기반으로 한

관광 투자라는 선순환을 꿈꿨지만 외국인 관광객을 강원도 카지노로 이끌 유인책이 부족했기 때문에 실질적으로는 내국인 카지노에 머문 것이다.

네덜란드는 시간이 걸리지만 근본적인 변화를 선택했다. 기술혁신과 창업을 기반으로 한 혁신 생태계 조성을 지향했기 때문이다. 림뷔르흐주정부는 이 지역이 탄광이 많았다는 점에 착안하여 숯검댕이가 많은 '검은 땅'이 아닌 첨단기술 중심의 '밝은 땅', 즉 브라이트랜드라는 이름으로 이 지역을 브랜드화했다.

[그림 7]에서 보듯 현재 브라이트랜드에는 4개의 캠퍼스가 있다. 이 중 가장 오래된 것이 스마트 소재, 지속 가능한 제조 등을 담당하는 셰멀롯 캠퍼스와 정밀의학, 스마트 진단, 재생의학 등을 맡고 있는 마스트릭트 캠퍼스, 상대적으로 최근에 조성된 것이 데이터과학과 스마트서비스를 맡고 있는 스마트서비스 캠퍼스와 스마트농업을 지원하는 그린포트 벤로 캠퍼스이다.

[그림 8]에서 보듯 브라이트랜드의 캠퍼스들은 혁신 생태계 이론, 즉 산학관이 협력하는 삼중나선구조 모델을 충실히 따르고 있다. 지식 생산기관인 대학, 거점 역할을 하는 기업, 그리고 지방정부의 정책 조율이 조화를 이루고 있으며 이렇게 조성된 혁신 생태계는 스타트업들의 요람 역할을 충실히 해내고 있다.

대표적인 캠퍼스인 셰멀롯 캠퍼스를 살펴보자. 셰멀롯 캠퍼스는 가장 먼저 조성된 클러스터로 [그림 9]에 보듯 탄광지역에 조

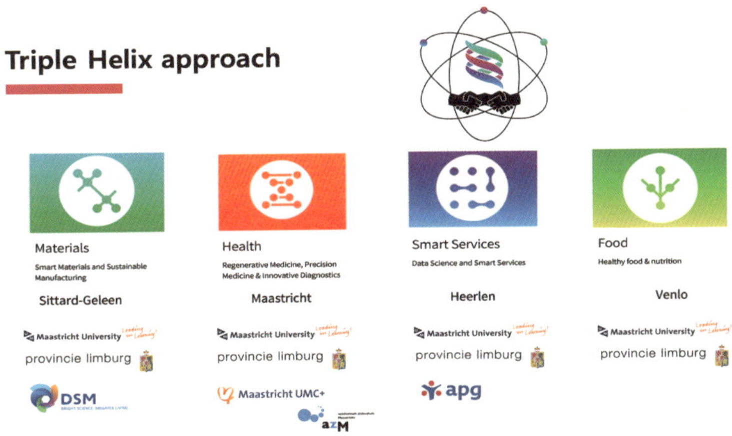

그림 6 **삼중나선구조 모델에 충실한 브라이트랜드 캠퍼스**

자료: https://www.brightlands.com(브라이트랜드 홈페이지).

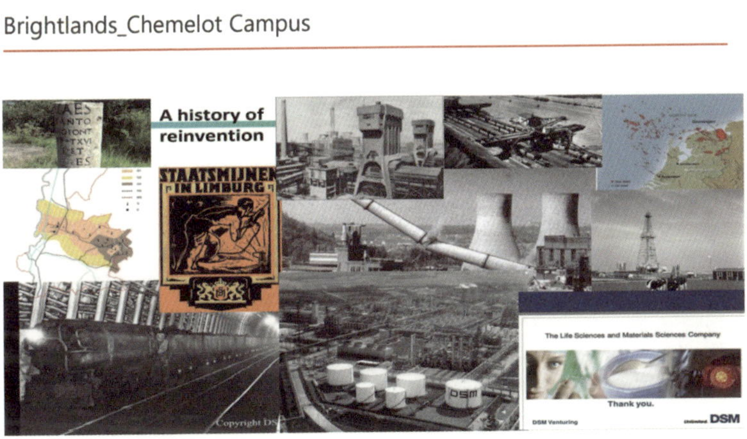

그림 7 **탄광지역에 세워진 세멀롯 캠퍼스**

자료: Byun, B., 2021, *The History of Brightland*, The Institute of Brilliant Failure.

성되었다. 탄광지역이 쇠퇴하자 지역경제를 살리기 위해 림뷔르흐주정부는 거점 기관을 물색했는데 그중 하나가 네덜란드석탄공사라 할 수 있는 DSMDutch State Mining이었다.

[그림 10]에서 보듯 네덜란드석탄공사는 1902년 국영기업으로 세워졌다. 그러나 1960년대 말 탄광의 쇠락이 시작되자 지역정부는 이 지역을 혁신 클러스터로 전환할 담대한 구상을 하고 네덜란드석탄공사에 정밀화학, 첨단소재, 식품 원료, 친환경 제조 등 첨단 화학 및 소재 분야를 맡아 달라고 주문한다. 이에 네덜란드석탄공사는 사명을 'DSMDutch State Mining'으로 바꾸었으며, 단계

그림 8 DSM의 혁신 주체별 생태계

자료: Byun, B., 2021, *The History of Brightland*, The Institute of Brilliant Failure.

그림 9 **DSM 벤처링의 대표적 투자 기업**

자료: Byun, B., 2021, *The History of Brightland*, The Institute of Brilliant Failure.

적으로 정부 지분을 매각하면서 민영화하여 브라이트랜드의 중심인 세멀롯 캠퍼스의 거점 기관으로 자리매김하게 된다. 지금은 민영화되었지만 공기업의 역사를 가지고 있어서인지 DSM은 과학 기반 기업을 지향하는 등 거점 기업이자 정부출연연구소의 기능을 모두 수행하고 있다. 애초에 DSM이 석탄 관련 회사였기 때문에 현재 DSM은 정밀화학 소재, 첨단소재, 소재 기반 3D 프린팅, 재활용 소재, 식품 소재(예: 비타민 시(C) 등)에 집중하고 있는데, 단순히 기술개발에만 집중하는 것이 아니라 지역 내 다양한 혁신 주체, 특히 스타트업과 학생 창업 기업들을 육성하며 지역경제에 활력을 불어넣고 있다([그림 11] 참고). 그리고 [그림 12]에 나타난 것처럼 다른 기업은 물론 스타트업, 중소기업, 대학, 지식생산 기관 등 다양한 혁신 주체와 협력하며 이를 통해 개방형 혁신 기반의 생태계를 조성하기 위해 노력하고 있다.

DSM은 특히 혁신 생태계에서 창업 환경을 조성하기 위해 노력하고 있는데 대표적인 사례가 [그림 13]의 DSM 벤처링Venturing이다. DSM 벤처링은 DSM의 기술을 이전받아 창업했거나 관련 있는 기술로 창업한 기업에게 투자하는 벤처캐피털 역할을 하고 있는데, 주로 식품 소재, 바이오메디컬, 태양열, 3D 프린팅 관련 창업 기업에 투자하고 있다. 2023년 현재 약 35개의 투자 실적을 가지고 있다.

이처럼 스타트업을 육성하기 위한 혁신 생태계는 브라이트랜드의 모든 캠퍼스에서 나타나고 있다. 튤립의 국가답게 스마트농업의 선도자 지위를 꿰차기 위해 만든 그린포트 벤로 캠퍼스와 영국의 브렉시트 이후 유럽 금융의 허브가 되기 위해 핀테크 중심으로 조성한 스마트서비스 캠퍼스에서도 [그림 14]에 나타나 있는 것처럼 다양한 혁신 주체의 참여와 연계, 그리고 이를 통한 스타트업 육성 환경 조성을 지향하고 있다.

이러한 혁신 생태계는 DSM 같은 거점 기관의 힘만으로 조성된 것이 아니다. 브라이트랜드에서는 지역 정부인 림뷔르흐주의 구상과 역할도 컸다. 림뷔르흐주는 네덜란드의 끝에 위치한 12개 주 중 하나이다. 암스테르담이나 로테르담 같은 주요 도시들은 북쪽 해안에 위치하나, 림뷔르흐주는 반도처럼 튀어나온 지역([그림 15]참고)에 위치한 작은 주로 인구가 약 120만 명에 불과하다. 그러나 벨기에와 독일의 접경지역에 있다는 것이 장점으로 작용하

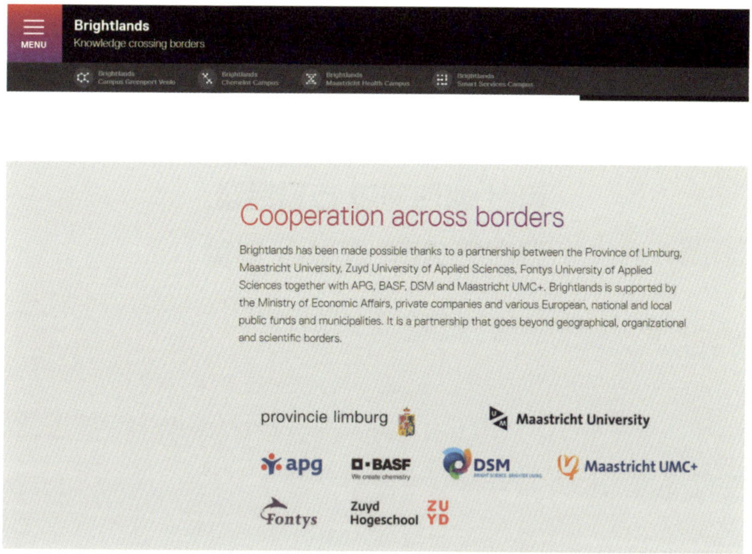

그림 10 **브라이트랜드 브랜드 홈페이지**

자료: https://www.brightlands.com(브라이트랜드 홈페이지).

기도 했는데, 루벤대와 같은 벨기에의 연구중심대학이나, 실용을 강조하는 독일의 아헨공대가 그리 멀지 않기 때문이다. 실제로 림뷔르흐주에 위치한 마스트리트대와 벨기에의 루벤대, 독일의 아헨공대는 DSM과 DSM에 입주한 스타트업들과 활발히 협력하고 있다. 림뷔르흐주정부는 이러한 국경을 넘는 협력과 혁신 생태계를 조성하기 위해 조정자 역할을 충실히 수행했다. [그림 16]에 나타나 있는 것처럼 브라이트랜드라는 브랜드를 만든 뒤 다양한 혁신 주체를 연계하고 중재하는 조정자 역할을 했으며, 4개의 차별화된 캠퍼스가 안정적으로 조성되기까지 다양한 지원을 제공하였다.

혁신 생태계와 스타트업, 그리고 지역 정부의 역할

혁신 생태계는 스타트업의 요람이다. 아이가 혼자 성장할 수 없듯이 투자, 인재, 지식 등 다양한 유무형의 자원을 스타트업이 흡수할 수 있는 환경을 조성해야 혁신적인 스타트업을 육성할 수 있다. 그리고 앞서 언급한 네덜란드 브라이트랜드 사례는 이러한 혁신 생태계의 중요성, 그리고 지역 정부의 중요성을 보여 주는 중요한 사례라고 볼 수 있다.

[표 2]는 네덜란드 브라이트랜드가 국내에 많이 소개될 여타 클러스터와 다른 특성이 있음을 잘 보여 준다. 대학 주도의 케임브리지 사이언스 파크는 연구중심대학의 강한 영향력과 대학 주변에 인접한 글로벌기업의 연구개발센터가 시너지를 내면서 자연스럽게 발생한 지식 중심의 클러스터이다. 반면 대만의 신주단지는 중앙정부의 강한 정책 주도하에 계획적으로 조성된 산업단지 성격을 지닌다. 그리고 네덜란드 브라이트랜드는 지역 정부가 지역 경제의 재생을 위해 혁신을 키워드로 설정하고 지속 가능한 혁신

표 2 **혁신 클러스터 특성 비교**

구분	(영국) 케임브리지	(대만) 신주	(네덜란드) 브라이트랜드
조성 주도	대학	중앙정부	지역 정부
클러스터 핵심 주체	대학	중앙정부	(공)기업, 대학
주요 산학협력 시스템	케임브리지 Enterprise	신주단지 관리국	브라이트랜드 캠퍼스
클러스터 형태	거점 기관 중심 → 도시화된 과학 연구단지	산업단지	도시형 혁신 클러스터
지원관리 기관	케임브리지 사이언스 파크 등	신주산업발전전략연맹	지역 정부(브라이트랜드)
주요 강점	대학의 혁신 자원과 글로벌기업의 연구개발센터	강력한 정부 지원	다양한 기관의 협력 다국적 협력 캠퍼스별 특화

생태계를 조성하기 위해 다양한 주체, 다국적 협력을 장려한 도시형 혁신 클러스터이다. 클러스터 형성에 정해진 답은 없겠지만 지역 정부가 주도하여 문화적 영향력이 있는 클러스터로 브랜딩하고 스타트업을 육성하기 좋은 환경을 만들어 갔다는 것은 우리에게 시사하는 바가 크다. 바로 브라이트랜드의 사례는 한 도시의 성장과 소멸 그리고 재생에서 혁신 생태계와 이 생태계에서 커 가

는 스타트업이 얼마나 지속적인 성장을 이루는 데 중요한지를 잘 보여 주기 때문이다. 이 같은 성공은 30년에 걸친 지역 정부의 노력과 설득, 대학과 국영기업의 중심적 혁신 선도자 역할 수행, 3개국의 접경지역을 활용한 우수 인재 유치 등이 복합적으로 맞물린 결과라 하겠다.

[그림 3]에 나타나 있듯이, 사실 혁신 생태계는 인재, 투자, 교육, 인프라, 규제까지 다양한 요소가 관여되어 있기에 좋은 혁신 생태계를 만드는 것은 종합 행정에 가까운 일이다. 이 때문에 특히 부처 간 경쟁이 치열한 우리나라에서는 지역 정부를 중심으로 혁신 생태계를 조성하는 것이 더 유효할지 모른다. [그림 17]에서 보듯 우리나라에서는 각 부처가 주요 이해관계자 집단에 포섭되어 있기 때문에 기술 융복합, 첨단 신기술, 디지털 서비스 등 신성장동력 이슈에 효과적으로 대응하기 쉽지 않다. 이렇게 분절화된 행정체계는 파편화된 혁신 생태계를 초래하며 더욱이 주요 이해관계에 포섭된 부처들이 갈등 조정 비용을 민간에 전가하는 부작용을 초래할 수 있다. [그림 17]에 묘사된 것처럼 기술 융복합 스타트업, 첨단 신기술 스타트업, 디지털 서비스 스타트업들은 거의 모든 부처 정책의 영향을 받으나 이들을 대변하는 주무부처가 없다 보니 거의 모든 부처를 상대해야 하는 일이 벌어져 행정비용이 증가할 수밖에 없다.

이에 대한 답은 지역 정부의 종합 행정에서 찾을 수 있다. [그림

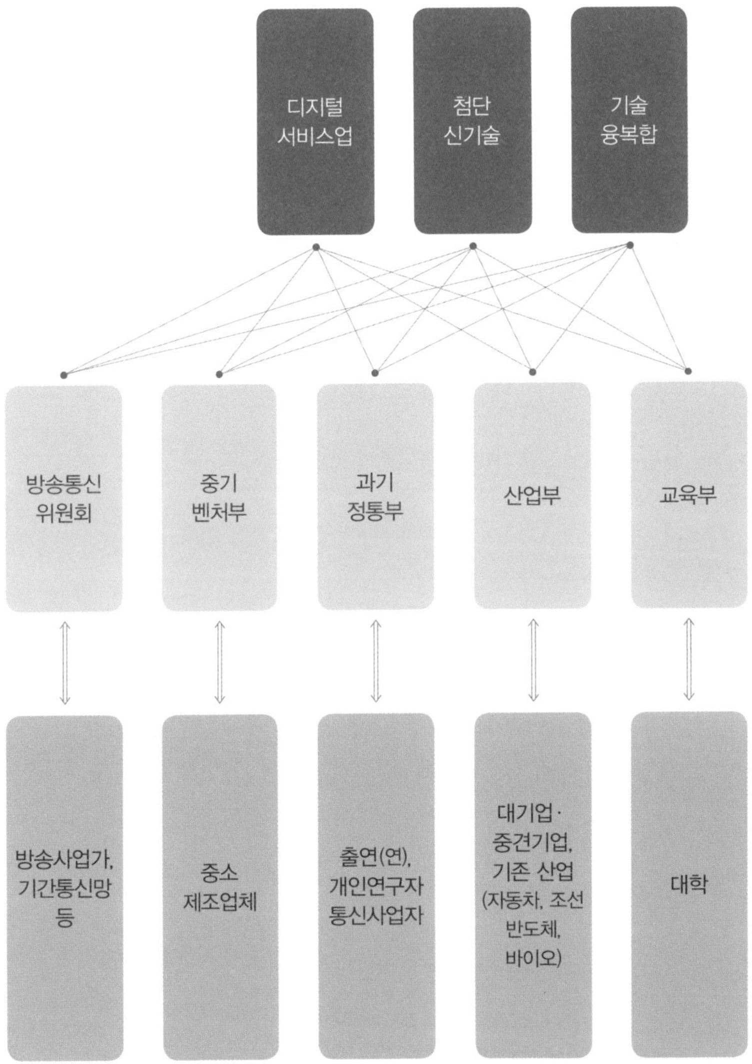

그림 11 **주요 이해관계자의 영향을 받는 분야별 부처 행정**

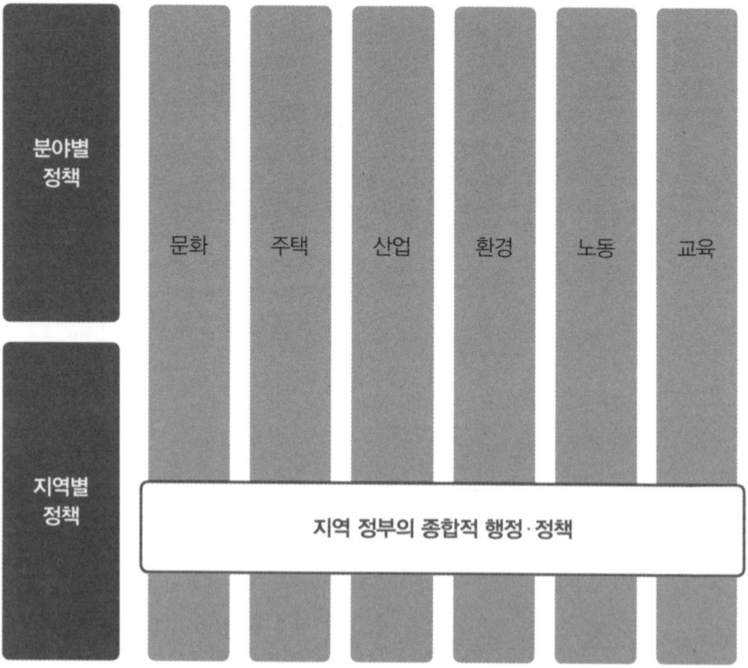

그림 12 **지역별 행정·정책을 통한 분야별 정책 파편화 극복**

18]에 묘사된 것처럼 지역 정부는 종적으로 분야별 정책을 펼치는 중앙정부와 달리 지역을 기반으로 횡적으로 다양한 정책을 추진할 수 있다. 그래서 지역 정부의 이러한 종합적 행정은 인재, 투자, 교육, 인프라, 규제까지 다양한 요소가 관여되는 혁신 생태계를 조성하는 데 효과적이고 효율적인 해결책이 될 수 있다.

더욱이 세계적으로 도시화가 급속하게 진행되는 시점에서 풍부한 인적자원과 도시 인프라, 금융허브, 글로벌 인프라를 갖춘 서울은 유니콘 같은 파괴적인 혁신을 주도할 스타트업을 육성할 수 있는 최적의 장소가 될 수 있다. 최근 빠르게 성장하고 있는 중국도 인구 2천만의 혁신도시 심천이 글로벌 스타트업 허브로서 경제성장에 크게 기여하고 있다. 이제 앞으로의 국가 간 경쟁은 유니콘 같은 혁신적 스타트업을 얼마나 보유하고 있느냐가 중요할 것이며, 그 뒤에는 유니콘을 제대로 육성할 수 있는 혁신 생태계가 있는가가 승패를 결정짓는 중요한 지표가 될 것이다. 여기에 대한 우리의 답은 무엇인가?

4장

혁신 생태계 창출을 위한 지자체·대학·산업의 전략적 파트너십

◈ 박승재 ◈

한국교육개발원 교육혁신연구본부장

우리가 선호하는 미래

국가나 지방자치단체(이하 지자체)가 미래 전략을 수립하고자 할 때는 추구하는 미래상이 있어야 한다. 미래상이 있어야 추구하는 미래상에 가까이 가기 위한 전략적인 수단을 마련할 수 있기 때문이다. 과거를 되돌아볼 때와 마찬가지로 미래를 바라볼 때도 시간 개념이 중요하다. 역사적으로 의미 있다고 판단되는 주관적 개념의 카이로스kairos의 시간이 중요할 때가 있고, 물리적인 순서에 의해 배열된 크로노스chronos의 시간이 의미 있을 때가 있다. 우리가 추구하는 미래 사회를 그려 본다는 것은 카이로스의 시간 개념을 내포하는 것이다. 우리에게 의미 있는 미래, 적어도 대한민국 정부수립 후 약 100년 정도의 시간이 지난 후에 우리 사회는 어떤 모습일까? 세계 속에서 어느 정도의 위상을 갖게 될까? 궁금

하지 않을 수 없다. 하지만 미래는 예측할 수가 없다. 미래는 우리 스스로 만들어 가는 것이다. 다시 질문을 바꾸어 대한민국 정부수립 후 약 100년 정도의 시간이 지난 후에 우리 사회는 어떤 사회가 되면 좋을까? 세계 속에서 어떤 위상을 가지면 좋을까?

현재 우리의 경제 규모는 GDP 기준으로 세계 10위권에 올라와 있다. 2005년 처음 세계 10위에 올라선 이후 2018년, 2020년, 2021년 각각 10위를 유지했다. 2024년 14위로 뒷걸음질 치긴 했지만, 유사 이래 가장 풍요로운 시대에 살고 있다. 대한민국 정부수립 후 100년이 되는 시기는 과학기술계에서 얘기하는 인공지능이 인간 수준 이상의 지능을 보유하게 되는 기술적 특이점technological singularity 혹은 싱귤래리티에 진입하는 시기와 맞물려 있다. 우리가 6·25 전쟁과 폐허의 상처를 딛고 지금과 같은 세계 10위권 선진국 대열에 올라섰기에 대한민국 정부수립 후 100년이 되는 즈음에는 세계 5위권 정도의 풍요롭고 안전한 선진국이 되기를 염원할 수 있다.

우리가 경제력 기준으로 세계 5위권 국가로 진입을 목표로 한다면 가장 먼저 준비해야 할 것이 우수 인재를 확보하는 일이다. 대학 교육의 수준도 그에 상응해야 한다. 대학의 순위가 대학 교육의 질을 모두 반영할 수는 없지만, 대학 순위를 기준으로 국내 3~4개 정도의 대학은 세계 10위권에 진입해야 하고, 5~6개 대학은 세계 50위권 내에 위치하는 수준이 되어야 한다. 다른 상위권 대학들도 교육 수준을 한층 더 높여야 할 것이다.

지식 생태계를 이끌어 가는 대학의 발전과 더불어 산업 생태계를 이끌어 가는 기업의 성장과 발전도 이루어져야 한다. 우리의 경우 산업자본이 집중된 대기업들의 성장뿐만 아니라 기업가치 1조원 이상의 유니콘 스타트업이 많이 출현하여 대기업으로 성장할 수 있는 발판이 마련되어야 한다. 세계적인 잠재력이 있는 영역을 더 키워 갈 수 있도록 육성하는 것이 전략의 출발점이 될 것이다. 교육, 문화, 특허, 의료, 혁신 제조, 창업, 금융 등 우리가 잘할 수 있는 영역에서 싱가포르나 도쿄가 현재 차지하고 있는 위상을 넘어서 아시아의 중심이 되는 수준으로 올라서는 것이 필요하다.

마주하는 현실

우리가 추구하는 미래 사회의 모습에 비해 우리가 마주하는 현실은 녹록지 않다. 인구 변화 추이는 매우 우려스러운 수준이다. 저출생 문제는 해결의 실마리를 찾지 못하고 있고, 학령인구 감소 문제는 발등에 떨어진 불과 같이 되었다. 우리 사회를 떠받치는 주요 제도들은 한 해 약 100만 명이 태어나던 시절 만들어진 것이다. 건강보험, 국민연금, 조세제도, 그리고 군인·공무원·교원 규모 등이 그렇다. 하지만 지금 태어나는 출생아는 한 해 23만 명에 불과하다. 합계출산율은 0.72명으로 추락했다. 이 인구로 100만 명 시대에 만들어진 사회시스템을 지탱하기는 어렵다. 인구구조를 염두에 둔 사회시스템의 재구조화 없이는 지속적인 번영을 기대할 수가 없다. 반면 과학기술은 비약적으로 발전하고 있다. 특히 인공지능을 바탕으로 한 새로운 기술은 일주일이 멀다 하고 출현하고 있다. 지금까지 축적된 인류의 지식이 폭발적으로 확장되는 시기에 들어선 것 같다.

인구 감소와 과학기술 발전이라는 두 가지 현실을 어떻게 활용하느냐에 따라 우리의 미래는 달라질 수밖에 없다. 국가의 경제력

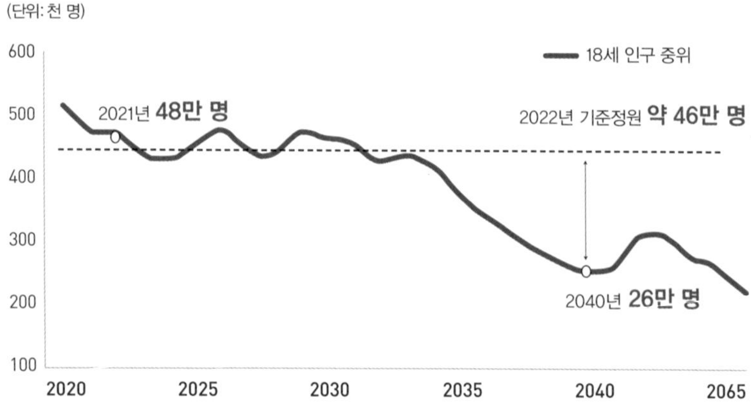

그림 1 **입학자원 급감**

자료: 교육부, 2023. 4. 18., "글로컬대학 30 추진방안(확정안)".

을 보여 주는 총생산 함수에서 생산가능인구 감소로 노동력의 총 투입량이 줄어드는 상황이라면 노동력의 질을 높이는 방안을 찾아야 한다. 노동력의 질을 높이는 것은 곧 유능한 인재의 확보를 의미한다. 대학에서 유능한 인재들을 많이 배출해야 기술개발을 통해 자본을 불러올 수 있을 것이다. 그렇다면 앞으로 우리가 맞이하게 될 미래 사회의 모습은 짐 데이터Jim Dator가 제시한 4가지 시나리오 중 어떤 모습일까?

계속 성장하는 사회가 될 수 있을까? 추락하는 사회로 가는 것일까? 변혁적인 사회 변화로 기사회생할 수 있을까? 예단하기 어렵지만 인구의 급격한 감소가 예정된 사회에서 지속적인 성장 사

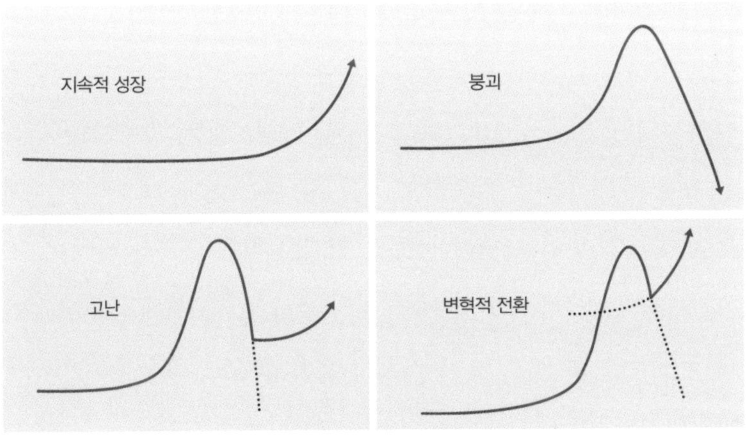

그림 2 **짐 데이터의 4가지 미래 시나리오**

자료: Epaminondas Christophilopoulos et al., 2022. 1. 27., "Testing the 'Thing from The Future Minecraft Education edition' with secondary education students.", Journal of Futures Studies.

회를 기대하기는 어렵다. 우리가 기대할 수 있는 것은 과학기술을 잘 활용하거나 효과적인 정책조합policy mix을 통해 변혁적 개선을 이루어 성장 흐름을 되살릴 수 있다는 것이다. 인구절벽으로 추락하는 사회를 되살리는 것은 결국 사람이다. 사람을 중심으로 미래에 대처할 수단을 살펴볼 수밖에 없다. 그래서 인재를 양성하는 대학 교육을 면밀하게 들여다보는 것이 중요하다.

사용 가능한 수단

국가의 미래 전략을 구상할 때 대학과 지역의 역할이 매우 중요한 시대가 되었다. 고등교육과 연구개발을 담당하는 대학을 혁신의 요람으로 만들어야 하고, 대학이 소재하는 지자체와 대학이 동반 상승 효과를 창출할 수 있도록 해야 한다. 대학과 지자체는 산업과의 협력 모색이 공통의 관심사이다. 대학과 지역, 그리고 산업의 전략적 동반 관계를 작동할 수 있다면 매우 효과적인 정책 수단이 될 수 있다. 지자체가 중요한 것은 지자체를 어떻게 운영하느냐에 따라 지역 주민들의 삶의 질과 지역내총생산Gross Regional Domestic Product, GRDP이 달라지기 때문이다. 그래서 지자체와 대학이 잘 연계되어야 한다. 동서고금을 막론하고 주요 도시에는 주요 대학이 있다. 우리가 도시경쟁력을 따질 때 사람들이 좋아하는 도시, 방문하고 싶어 하는 도시, 독특한 매력을 가진 도시는 도시경쟁력을 지속해서 유지하는 경우를 많이 본다. 세계 상위권 대학들의 순위가 엎치락뒤치락하는 시대에도 선두권 도시들의 경쟁력 순위는 생각보다 잘 바뀌지 않는다. 도시가 갖추고 있는 종합적인 요소는 어느 한순간 새로이 만들어 낼 수 없기 때문이다. 그래서 우리와 같은 신흥공업국에서 발전한 대도시가 런던이나 뉴욕, 파리와 같은 전통적인 글로벌 도시들을 넘어서기가 쉽지 않은 것이다.

세계 선두권 대학들의 경쟁력 순위는 바뀌고 있다. 대략 20~30년 주기로 바뀌는 경향이 있다. 미국의 경우 초일류 대학 혹은 전문대학원이 세계적인 명성을 얻는 데 20~30년 정도의 시간이 소요된다. 경영대학원, 법학대학원, 의학대학원 등 대학의 명성을 좌우하는 학교 순위는 한순간 변하지 않는다. 축적된 연구와 교육 실적, 졸업생들의 활동과 학교 평판 등에 의해 좌우되는 것이다. 우리 역시 최상위권 대학들의 수준은 선진국 여느 대학과 큰 차이가 없다. 하지만 국내 전체 대학의 수준 혹은 경쟁력은 정부의 국제경쟁력보다 더 낮다. 우리는 OECD 국가에서 고등교육의 국제경쟁력이 낮은 국가 중 하나이다. 국가 전체의 경쟁력은 기업, 정부, 대학, 지자체, 어느 하나만 잘한다고 갖출 수 있는 것이 아니다. 여기서 대학의 경쟁력이 중요한 것은 대학이 인적자원을 길러 내는 곳이기 때문이다. 기업, 정부, 지자체의 인재들을 대학이 길러 내기 때문에 대학의 경쟁력은 곧 국가의 경쟁력을 좌우하는 가장 중요한 지표가 된다.

서양의 대학들을 보면 프랑스, 독일, 미국의 대학이 제각기 고유한 특징을 가지고 있다. 오늘날 미국의 대학들이 국제적인 경쟁력을 가지고 있지만, 미국도 유럽의 대학들을 모델로 삼아 발전했다. 전통적인 프랑스 고등교육 모델은 연구소, 대학, 그랑제콜이 각기 따로 고등교육 기능을 수행해 왔다. 연구와 교육, 귀족과 평민 등 고유한 특성이 프랑스 고등교육기관의 형태에 투영된 것이다. 반면 독일식 고등교육 모델은 학부와 대학원, 연구소를 모두 모아 놓은 형태를 취하고 있다. 교육과 연구 기능이 함께 이루어지는 유니버시티 모델이다. 미국은 영국에서 건너간 청교도들을 중심으로 성직자 양성 등을 위해 학부 중심의 고등교육제도를 취했다. 1876년 존스홉킨스대가 독일식 연구중심대학을 표방하며 설립됨으로써 기존의 학부 중심 칼리지가 유니버시티 체제로 전환하는 계기가 되었고, 스탠퍼드대, 시카고대 등 신생 대학들이 연구중심대학 모델을 취하면서 미국의 고등교육 모델은 독일식 유니버시티 체제를 광범위하게 수용하게 된다. 미국의 대학들은 2차 세계대전을 통해 패권국의 지위를 확보한 미국 정부와 함께 축적된 기술과 자금으로 오늘날 세계를 선도하는 대학으로 성장할 수 있었다. 이러한 미국 대학들의 성장은 오랜 기간 견고했던 프랑스 고등교육제도에도 변화를 불러일으켰다. 지난 10~15년 사이 프랑스 고등교육 모델의 변화는 눈여겨볼 만하다. 제각기 분리되어 운영되던 연구소, 그랑제콜, 대학을 유니버시티 체제로 통합한 것이다. 새로운 프랑스식 고등교육 모델을 통해 교육과 연구에서 규모의 경제가 이루어지면서 4~5개의 프랑스 대학은 세계 대학 랭킹 50위권 내로 진입하여 미국과 영국의 대학과 경쟁할 수 있게 되었다.

1970년대만 해도 프랑스의 1인당 국민소득은 미국과 1~2천 달러 정도 차이에 불과했지만, 2016년 미국의 1인당 국민소득이 5만 8천 달러, 프랑스는 3만 8천 달러로 격차가 벌어졌다가 2023년에는 미국 8만 5천 달러, 프랑스 4만 7천 달러로 격차가 더욱 크게 벌어졌다. 경제력의 격차는 대학의 격차로 이어지기 마련이다. 프랑스의 경제력으로는 미국 대학들처럼 교육과 연구개발에 투자가 어렵다. 다른 전략적 수단을 찾을 수밖에 없었을 것이다. 그것이 오늘날 합병을 통해 새로운 이름으로 탄생한 파리과학인문대PSL University, 파리-사클레대Paris-Saclay University, 소르본대Sorbonne University 등 4~5개의 프랑스 선두권 대학들이다. 구프랑스식 고등교육 모델이 교육기관 및 연구기관별로 각자 운영되는 독립된 방식이었다면 신프랑스식 고등교육 모델은 유니버시티 체제를 통해 규모의 경제를 도모했다.

영국은 고등교육이 금융과 더불어 대표적인 국가 전략산업의 하나로 자리 잡고 있다. 옥스퍼드대, 케임브리지대, 임페리얼칼리지런던, 유니버시티칼리지런던, 런던정치경제대, 킹스칼리지런던 등 주요 연구중심대학들은 세계적인 경쟁력을 확보하고 있다. 이들 대학은 우리의 수도권과 유사하게 런던과 옥스퍼드, 케임브리지라는 삼각지역golden triangle을 형성해 지역과 대학의 협력 속에서 발전하고 있다. 케임브리지대는 대학 내에 대학기업특구University Enterprise Zone를 설정하여 운영하고 있고, 런던, 옥스퍼드, 케임브리지 삼각지역은 글로벌 의료바이오클러스터GMEC로 부상하였다.

중국은 중앙정부가 나서서 985공정, 211공정, 천인계획, 만인계획을 세우고 선택과 집중 전략으로 해외 인재 유치 및 최상위권 대학 육성책을 펼친 결과 비교적 단기간에 국제경쟁력을 확보하였다. 최근에는 단일 연구기관으로는 미국 국립보건원NIH, 미국항공우주국NASA, 프랑스 국립과학연구센터CNRS, 독일 막스플랑크Max Planck에 이어 최대 규모(2020년 기준 1년 예산 152억 달러, 한화 21조 원)인 중국과학원CAS이 소속 대학인 중국과학원대, 중국과학기술대와 함께 아시아의 선두권 교육 및 연구기관으로 부상하고 있다. 2025년도 우리나라 총 연구개발 예산이 29조 7천억 원인 것을 감안하면 예산 규모 면에서 압도적이다.

미국 국립과학재단NSF에서 공시하는 대학별 연구개발 자금의 규모를 보면 우리의 전략이 어떤 방향으로 전개되어야 할지 명확히 알 수 있다.

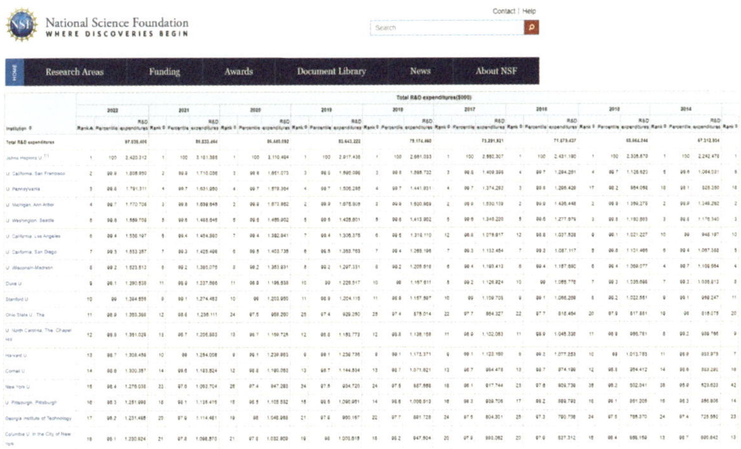

그림 3 미국 대학들의 연구개발비 지출 규모

자료: https://ncsesdata.nsf.gov/profiles/site?method=rankingBySource&ds=herd(미국 국립과학재단 홈페이지).

미국 국립과학재단이 집계한 미국 대학들의 연구개발비 지출 규모를 보면, 존스홉킨스대처럼 약 5조 원에 이르는 막대한 연구개발비를 지출하는 사례도 있다. 대부분의 미국 최상위권 대학은 약 2조 원 내외의 연구개발비를 지출하는 것으로 나타난다. 1년 예산 기준으로 스탠포드대는 약 10조 원에 이르는 예산을 집행하고 있다. 우리 대학은 한국대학교육협의회(대교협) 발표 기준으로 2022년 서울대의 연구비가 6,785억 원으로 가장 많고 연세대(5,286억 원) 성균관대(5,121억 원) 한국과학기술원(4,707억 원) 고려대(4,641억 원) 순으로 연구비를 지출하고 있다. 미국의 상위권 대학 한 곳의 연구개발비가 우리나라 상위권 대학 3~4개의 연구비를 합친 규모보다 더 크다는 것은 우리에게 무엇을 시사하는가? 우리가 이들 미국 대학과 경쟁이 가능한가? 경쟁한다면 지금의 이 제한된 자금과 인력으로 어떻게 경쟁할 것인가? 우리는 이 어려운 문제에 답해야 하며, 그 해답은 혁신 생태계를 통한 지자체·대학·산업의 전략적 파트너십에서 찾을 수밖에 없다.

선택과 집중, 그리고 혁신

우리가 혁신을 추진한다면 어디에서 동인을 찾을 수 있을까? 먼저 지자체, 대학, 기업, 시민단체 등 조직화된 기관 중에서 가장 광범위한 네트워크가 있고, 혁신의 파급효과가 큰 대학과 기업에서 찾을 수 있을 것이다. 기업 중에는 규모가 큰 대기업보다 스타트업이 더 민첩하게 혁신에 반응할 수 있을 것이다. 우리가 대학에 주목하는 것은 다양한 인재들이 모여 있고, 교육, 연구, 혁신 기능을 함께 가지고 있으며, 사회 전반의 조직화된 기관들과 상호 밀접하게 연결되어 있기 때문이다. 향후 20년 정도의 기간에 세계 5위권의 선진국으로 발돋움하기 위해서는 혁신의 산실인 스타트업과 대학, 지자체가 전략적 협력체제를 형성하고, 시너지를 창출할 수 있어야 한다. 지자체·대학·산업의 전략적 파트너십이 작동하지 않는다면 다른 대안을 찾기가 쉽지 않다. 한때 혁신도시를 건설하여 이러한 메커니즘이 작동될 수 있도록 시도하였으나, 혁신도시라는 하드웨어 건설 그 자체가 목적이 되어 버렸고, 인재들이 어떠한 환경에서 창조와 혁신을 이끌어 내는지에 대해서는 큰 관심이 없었다. 혁신도시가 성공하기 위해서는 대학과 기업을 혁신도시의 생태계로 끌어들였어야 했다. 대학은 지식의 세 개 축인 연구, 교육, 혁신을 주도하는 곳이다. 따라서 지자체·대학·산업을 어떻게 연계하느냐가 정책 대안의 핵심이 되어야 한다. 계약 사회인 서구 국가들과 달리 행정 중심 국가인 우리나라 상황에서 매우 취약한 부분이다.

우리나라에는 약 400개의 대학이 있다. 일반대학 190개교, 교육대학 10개교, 전문대학 133개교, 산업대학, 방송대학, 사이버대학 등 기타 47개교, 대학원대학이 44개교가 있다. 이들 대학을 위해 교육부가 지원하는 사업들은 여러 개로 나누어진다. 2023년 고등평생교육특별회계 9조 7천억 원에는 연구개발비, 경상비, 1,026개 대학재정지원사업비 약 5,000억 원이 포함되어 있다. 지금까지 대학재정지원예산을 중앙정부가 집행했기 때문에, 지자체와 대학이 협력하여 사업을 추진하기가 어려웠다. 중앙부처의 대학지원사업 규모가 2021년 결산 기준으로 약 15조 원에 달하는 큰 금액임을 감안하면 이 예산을 지자체와 대학이 협력하여 사용할 수 있게 한다면 선택과 집중의 효과가 뚜렷이 나타날 수 있을 것이다. 마치 프랑스 고등교육기관들이 제각기 따로 운영되다가 근래 10여 년 사이에 통합하여 규모의 경제와 운영의 효율성을 높였듯이 우리도 대학지원체계를 지역중심으로 전환한다면 상당한 의미가 있을 것이다.

정부가 추진하고 있는 라이즈RISE 사업과 글로컬glocal 대학 30 지원사업도 이러한 취지를 담고 있다. 교육부나 중앙부처의 대학 재정지원사업 시 칸막이를 없애고 자금을 한데 모아 목돈을 만들어 지원하자는 것이다. 라이즈 사업은 교육부 대학재정지원사업의 50퍼센트 이상을, 2025년부터 2조 원 이상을 통합예산으로 모아서 교육부와 지자체 간 협약을 통해 지자체에 사용 권한을 넘기겠다는 것이다. 정부는 지자체가 대학과 협력하여 사업을 추진할 수 있도록 지원하고, 교육부는 대학에 대한 규제를 풀고, 지자체는 지역개발사업과 연계하여 대학과의 협력을 추진하도록 하여 대학에 대한 재정지원체계를 전면 개편한 것이다.

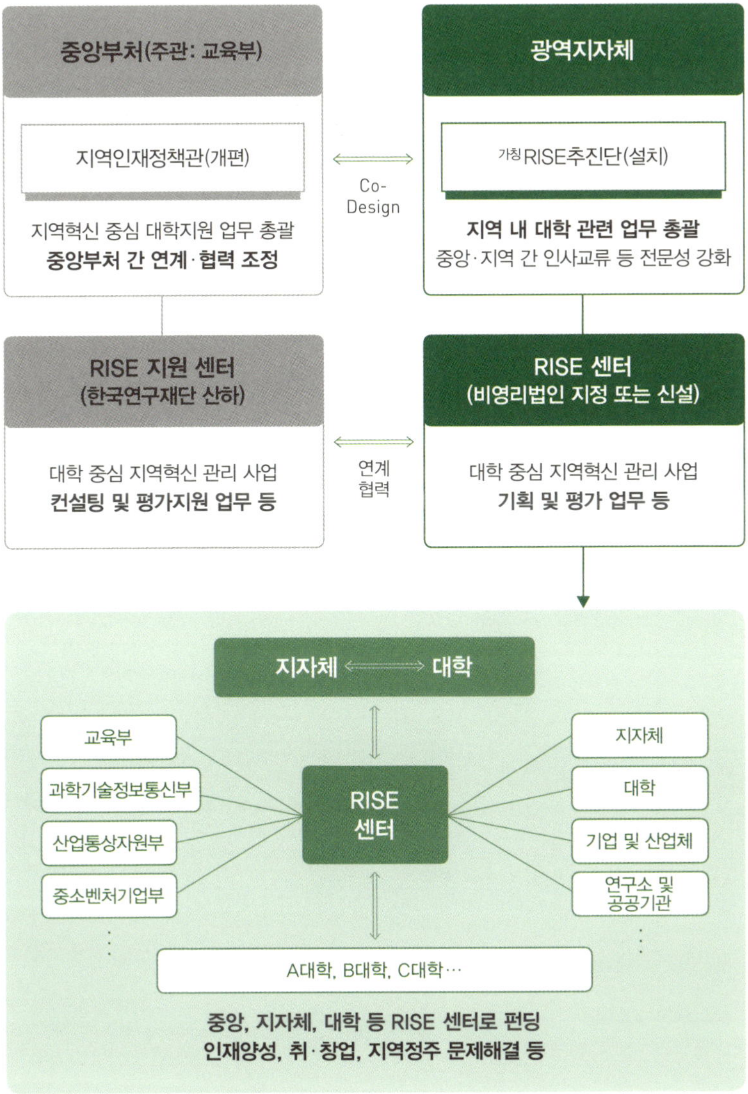

그림 4 **지역혁신 중심 대학지원체계(RISE)**

자료: 교육부, 2023.2.1., "지역혁신중심 대학지원체계 구축방안".

표 1 **라이즈(RISE) 정책 메뉴판(예시)**

	산업통상 자원부	과학기술정보 통신부	중소벤처 기업부	국토 교통부	문화체육 관광부
인재 양성	창의융합형공학 인재양성지원 미래형자동차 현장인력양성 에너지인력 양성	대학ICT 연구센터 지역지능화 인재양성 정보보호 특성화대학	제조데이터 촉진자 양성 기술사관 육성 연구기반 활용	스마트시티 혁신인재육성 …	게임 분야 첨단 기술 연구개발 인력양성 문화기술 핵심인재양성 예술 과학 융합인력양성
취업 창업 (산학 협력)	산학융합 지구조성 중견 기업 DNA 융합 산학협력	데이터 청년 캠퍼스 산학연 합력 기술창업 법인 육성	중소기업 계약학과 중소기업 연구개발 역량 제고	도심융합특구 캠퍼스 혁신파크	문화체육관광 연구개발 지원 스포츠산업 창업 및 재창업 지원
교육 과정 연계 운영	제작자 맞춤형 기술교육 특화단지 재직자 교육 인공지능 융합형 산업현장 기술인력 혁신역량강화	소프트웨어 중심 대학	벤처 스타트업 아카데미	…	…

자료: 교육부, 2023.2.1., "지역혁신중심 대학지원체계 구축방안".

표 2 **대학재정지원사업의 연계 및 지자체 참여 강화**

대상 사업	2023년 예산 (억 원)	2023~2024년 (시범 지역)	2025년 이후
1 RIS(지역혁신)	3,540	5개 지역 내외 RISE 전환	**RISE로 통합*** * RISE 사업의 하위 메뉴 사업 전환 가능
2 LINC 3.0 (산학협력)	4,070	지자체·대학 간 협력 강화 **대학:** 사업추진 시 지자체 의견 반영 **지자체:** 대학의 사업 지원	
3 LiFE (대학평생교육)	510		
4 HiVE (전문직업교육)	900		
5 지방대활성화	2,500		
예산 총계		1조 1,520억 원(국고 기준)	

자료: 교육부, 2023.2.1., "지역혁신중심 대학지원체계 구축방안".

대학의 혁신

대학의 혁신은 대학 내부로부터 나와야 한다. 대학 스스로 혁신하겠다는 합의를 형성하고 경영진의 합체된 의사결정 과정을 통해 제시되는 것이 좋다. 대학 혁신은 교육과정과 연구개발체계 개편에서부터 거버넌스, 정원 조정, 교원 평가 등 다양한 쟁점이 대상이 되지만, 교육과정 개편에서부터 시작하는 것이 좋다. 대학의 교육과정이 산업계의 수요와 상당한 차이가 있고, 첨단분야에서는 기업의 협력 없이는 교육과정을 편성하기가 쉽지 않다. 연구개발체계 역시 많은 논란을 불러일으키고 있다. 연구과제 중심제도는 연구자들이 장기적인 연구과제보다 단기성 연구과제에 매달리게 되어 혁신적인 연구를 추진하는 데 걸림돌이 되고 있다. 대학의 구조개혁과 정원 조정도 모색되어야 한다. 대학이 단과대학이나 학과를 백화점처럼 운영하여 교육과 연구가 질적인 측면이 아니라 비용 측면에서 수지를 맞추는 대상이 되면 안된다. 무학과제 운영 등 학과 간의 높은 칸막이를 걷어 내는 것도 중요하다. 사회 변화의 속도가 너무 빨라 학과 및 전공 간의 상호 융합과 과학기술의 수용없이는 대학 바깥의 변화를 따라가기 어렵기 때문이다.

교원 평가 방식을 개선하는 등 과감한 교원 인사 개혁도 해야 한다. 우수한 교원을 확보하고 산업계와 협력하여 국제적인 연구개발 경쟁에 나서기 위해서는 교원평가제도와 인사 개혁이 뒤따라야 한다. 그리고 대학들이 학부 교육에 역량을 집중할 것인지, 연구 중심 대학원에 역량을 집중할 것인지 결정해야 한다. 대학마다 전공마다 박사과정을 개설해서는 교육의 질을 확보하기 어렵고, 지속 가능하지도 않다. 최근 글로컬 대학 30 지원사업에서 보듯이 대학 거버넌스를 획기적으로 개선하고 대학 간 통합, 학문 간 융합 등을 통해 새로운 돌파구를 찾아야 한다. 몇몇 사립대학처럼 대학을 설립한 주체였던 기업이 나서서 적극적으로 대학의 교육과 연구에 기여하는 사례를 참고할 만하다. 아울러 부족한 인적·물적 자원 문제를 극복하기 위해서는 지역의 산업계나 문화계와 파트너십을 맺고 새로운 부가가치를 발굴하는 것이 중요하다. 대학은 교육과 연구의 질을 높이는 것으로 혁신의 동인을 찾아야 한다. 우수 인재를 양성하고, 원천기술이나 첨단기술을 확보하여 혁신을 주도해야 한다. 혁신 없이는 대학에서 창출한 특허나 기술을 바탕으로 유망한 스타트업이 출현하기 어렵고, 유니콘으로 성장하기도 어렵다.

중소벤처기업부 발표에 의하면 우리나라에는 14~22개의 유니콘기업이 있다. 기술을 기반으로 하는 유니콘기업은 대학이나 기업, 정부출연연구기관 등에서 스타트업으로 출발해 성장하는 경우가 많다. 연구를 통해 만들어 낸 특화된 기술을 사업화하는 것이다. 향후 20년 정도의 기간 내에 유니콘으로 성장하는 스타트업을 100개 정도 육성하려면 지금과 같은 대학 운영 방식으로는 어렵다. 대학이 먼저 대학 내부의 혁신을 도모하고, 대학과 기업이 지자체와 함께 혁신 생태계를 형성하여 그 생태계가 효율적으로 작동할 수 있도록 적극적으로 참여해야 한다. 이때 요구되는 것이 개척자 정신pioneership이다.

표 3 **국내 유니콘기업 현황**

기업명	분야	CB 인사이트	현재 유니콘기업	비고
옐로모바일	모바일	○	○	—
앨앤피코스메틱	화장품	○	○	—
비바리퍼블리카	핀테크	○	○	—
야놀자	O2O서비스	○	○	—
위메프	전자상거래	○	○	—
지피클럽	화장품	○	○	—
무신사	전자상거래	○	○	—
컬리	전자상거래	○	○	—
직방	부동산중개	○	○	—
버킷플레이스	전자상거래	○	○	—
리디	콘텐츠 플랫폼	○	○	—
아이지에이웍스	빅데이터 플랫폼	○	○	2022년 신규
메가존클라우드	클라우드 서비스	○	○	2022년 신규
트릿지	데이터 및 무역 플랫폼	○	○	2022년 신규
두나무	핀테크	△	○	—
A사(기업명 비공개)	도·소매업	X	○	—
당근마켓	전자상거래	X	○	—
빗썸코리아	핀테크	X	○	—

기업명	분야	CB 인사이트	현재 유니콘기업	비고
여기어때컴퍼니	O2O서비스	X	○	2022년 신규
오아시스	신선식품 새벽배송	X	○	2022년 신규
시프트업	모바일게임 개발	X	○	2022년 신규
한국신용데이터	소상공인 전문 SaaS	X	○	2022년 신규
우아한형제들	O2O서비스	△	X	M&A
에이프로젠	바이오	△	X	M&A 2022년 졸업
티몬	소셜커머스	X	X	M&A 2022년 졸업
CJ게임즈	게임	△	X	IPO(코스피)
쿠팡	전자상거래	△	X	IPO(NYSE)
크래프톤	게임	△	X	IPO(코스피)
하이브	엔터테인먼트	X	X	IPO(코스피)
카카오게임즈	게임	X	X	IPO(코스닥)
더블유게임즈	게임	X	X	IPO(코스피)
펄어비스	게임	X	X	IPO(코스닥)
잇츠한불	화장품	X	X	IPO(코스피)
쏘카	카셰어링	X	X	IPO(코스피) 2022년 졸업
34개		14개	22개	—

주: △는 과거 CB 인사이트에 유니콘기업으로 등재됐으나 제외된 기업

자료: 중소벤처기업부 보도자료, 2023. 2. 10., "2022년 국내 거대신생기업(유니콘기업)은 22개사".

유니콘기업이 많아져야 한다

우리의 산업구조를 바꿔야 한다. 지금과 같이 자본투자가 많이 요구되는 제조업 중심 산업구조에서 벗어나 혁신 기술과 비즈니스 모델을 기반으로 하는 서비스산업으로 전환하거나, 혁신 제조와 연계할 수 있는 고부가가치 서비스산업을 병행하도록 산업구조를 조정하는 것이 필요하다. 서비스산업을 육성하는 일은 말처럼 쉬운 일이 아니다. 근본적인 사고의 전환이 필요하기 때문이다. 초·중·고등학교에서 주입식, 설명식 교육에 길들여진 우리의 사고 체계를 탐구적, 발견적 사고 체계로 전환하기는 여간 어려운 일이 아니다. 제조업 중심 사회에서 서비스업 중심 사회로 전환하기 위해서는 새로운 것을 발견·발명하고, 개념 설계를 할 수 있는 역량을 어려서부터 익힐 수 있도록 학교 수업방식의 변화가 수반되어야 한다.

OECD 자료를 보면 우리나라는 고용시장에서 250인 이상을 고용하는 기업의 비중이 13.5퍼센트에 불과해 OECD 국가에서 가장 낮았다. 그 비중이 58퍼센트에 이르는 미국과는 상당한 차이가 있다. 우리는 250인 이상 고용 기업 다수가 제조업 중심의 대기업이지만, 미국은 스타트업에서 출발한 글로벌 기술서비스 기업이 큰 비중을 차지한다. 큰 기업일수록 연구개발 투자 규모가 크고, 복리후생제도도 잘 갖추어져 있어 직원들의 출산이나 자녀 취

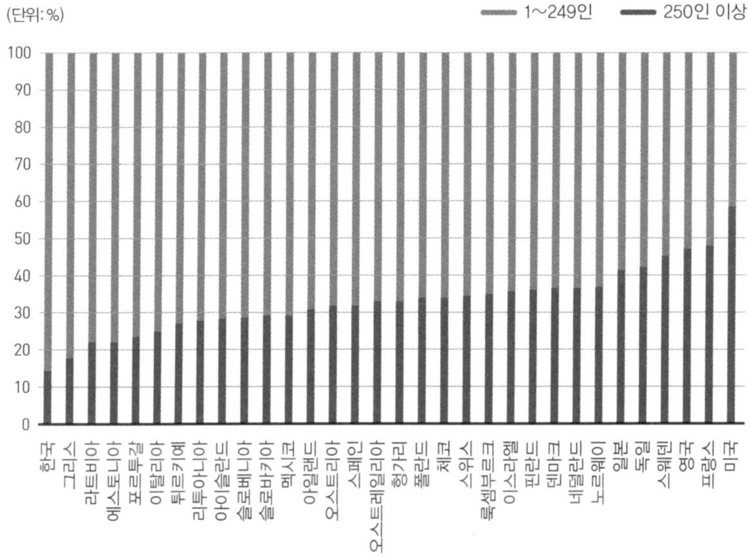

그림 5 **OECD 국가의 250인 이상 기업 일자리 비중**

자료: 고영선, 2024, "더 많은 대기업 일자리가 필요하다", 「KDI Focus」, No.130, 한국개발연구원.

학, 지역 내 거주 등을 통해 기업과 지역의 협력 기회가 많아 1조 이상의 기업가치를 지니는 유니콘 스타트업의 육성은 정책적으로 매우 중요한 의미가 있다.

유니콘기업을 육성하는 일은 쉽지 않지만 길은 여러 갈래가 있을 수 있다. 미국은 소규모 스타트업에서 출발해 유니콘기업으로 성장하는 사례가 많지만, 우리는 상장되지 않은 사교육업체나 연예기획사와 같이 상당한 고객과 매출이 있는 기업들이 인공지능, 데이터기술 등을 도입해 유니콘기업으로 성장할 수 있는 잠재력이 있다. 우리나라처럼 학원이 많고, 체계화된 비즈니스모델이 있는 경우에는 글로벌시장으로 눈을 돌리는 유니콘기업을 상당수 발굴할 수 있을 것이다. 학원들 역시 앞으로 예고된 입시 환경의 변화를 에듀테크 기업으로 전환하는 계기로 삼을 수 있다. 2025년부터 인공지능 디지털교과서와 절대평가 방식의 성취평가제 도입, IB와 유사한 개념 기반의 탐구 수업이 시행될 예정이다. 이러한 새로운 변화는 입시에서 수능 이외의 경로를 확대하고 주입식·설명형 수업에서 탐구 중심 토론수업으로 학교 수업방식을 바꾸어 학생들의 학원 의존도가 대폭 줄게 될 것이다. 이는 기존 사교육 업체들이 인공지능 등 첨단 기술 기반의 교육서비스 기업으로 전환하고 글로벌 교육시장에 진출하는 계기가 될 수 있다.

지자체·대학·산업의 전략적 파트너십

특정한 국가나 도시가 한 단계 성장하기 위해서는 정부나 지자체, 대학, 산업계가 공동의 목적을 위해 협력하는 생태계가 만들어져야 한다. 글로벌 도시들의 성공 사례에는 이 점이 뚜렷이 나타나고 있다. 미국과 영국의 대표적인 사례를 통해 지자체, 대학, 산업의 전략적 파트너십이 작동되는 모습을 한번 살펴보자.

미국 보스턴 바이오테크허브(BioTech Hub)

보스턴 케임브리지 지역의 바이오테크허브는 대학, 연구소, 병원, 글로벌 제약업체, 바이오벤처, 스타트업, 서비스 전문기업, 공공기관 간의 연계와 상호작용을 이끌어 내는 네트워크 결합체라고 할 수 있다. 2007년에 당선된 매사추세츠 주지사 더발 패트릭Deval Patrick이 바이오 단지 조성을 목표로 10년간 10억 달러를 투자하는 생명과학이니셔티브를 추진할 때, 주정부가 설립한 매사추세츠 생명과학센터Mass Life Sciences Center와 비영리단체인 매사추세츠 바이오MassBio가 핵심적인 역할을 수행했다. 여기서 주목해야 할 것은 매사추세츠 생명과학센터가 자금과 프로젝트 연결, 관리를 담당했다면, 매사추세츠 바이오는 연구 능력에 비해 부족했던 보스턴 지역의 산업 역량을 확보하기 위해 미국 내 1,000여 개에 이르는 생명공학 관련 대학, 연구기관, 기업들을 회원으로 확보하고 각종 프로젝트를 제안하는 등 네트워크를 조성하는 데 주력했다는 점이다.

혁신 생태계가 확장되려면 벤처캐피털이나 역량 있는 액셀러레이터의 역할이 매우 중요하다. 매사추세츠공대MIT 라이센싱 담당부서의 활동이 눈부시게 드러나는데, 매사추세츠공대를 중심으로 보스턴 케임브리지 지역에 1천여 개의 바이오 기업 단지가 형성되어 혁신 생태계를 이룬 것이다. 기술과 네트워킹의 중요성을 보여 준 대표적인 사례라 할 수 있다. 우리의 경우 서울대병원, 성균관대, 고려대, 국방연구원, KIST, KAIST 경영대, 서울바이오허브, 경희대 등 국내 최상위권 대학과 대학병원, 정부출연연구기관이 밀집된 대학로에서 홍릉으로 이어지는 지역이 마치 한국판 보스턴 바이오테크허브를 연상케 한다. 세계 정상급 바이오테크허브인 보스턴이나 실리콘밸리, 런던에 비해 네트워킹을 전문으로 하는 체계화된 지원기관과 인력이 부족한 점을 잘 보완한다면 우리도 글로벌 바이오테크 클러스터를 보유할 수 있을 것으로 기대한다.

영국 런던 테크시티(Tech City)

런던 테크시티는 2008년부터 웹비즈니스 클러스터가 형성되면서 시작되었다. 그리고 2010년 이후 캐머런 정부가 미국의 실리콘밸리와 같은 창업 클러스터를 만드는 것을 목표로 육성하면서 더욱 발전할 수 있었다. 시스코, 구글, 페이스북, 인텔, 마이크로소프트, 아마존, 보쉬, 퀄컴 등 글로벌기업이 이 지역에 투자하였고, 런던대University of London, 런던메트로폴탄대London Metropolitan University, 임페리얼칼리지 런던Imperial College London, 유니버시티칼리지 런던University College London, 러프버러대Loughborough University 등 런던의 주요 대학이 이 클러스터 기반 프로젝트의 파트너로 참여하였다. 테크시티는 대학과 기업, 민관 파트너십을 통해 첨단기술 전 분야의 창업 클러스터로서 유망 스타트업을 지원하고, 디지털 기술 분야의 교육프로그램 운영, 테크 분야의 종합 보고서 발간 등을 하고 있다. 퓨처 50Future Fifty 사업은 눈여겨볼 필요가 있는데, 유니콘으로 성장 가능한 50개 회사를 선정하여 정부, 산업전문가, 비즈니스 서비스기업, 기관투자자 등과 연결해 주고, 기업공개, 인수합병, 글로벌 진출을 지원하는 전문관리 서비스프로그램이다. 우리도 향후 유니콘기업 100개를 양성해야 하는 상황이므로 런던의 테크시티 사례를 자세히 살펴볼 필요가 있다.

테크시티가 지원하는 업스케일 사업은 창업 경험이 있는 사업가들이 코치가 되어 유망한 스타트업들을 6개월간 집중적으로 상담을 해주고 지원하는 프로그램으로 스타트업이 유니콘으로 성장하는 데 중요한 역할을 담당하고 있다. 테크시티의 성공적인 정착에는 자금 지원과 세제 지원, 고급 디지털 전문 인력의 영국 진입 촉진을 위한 테크네이션 비자제도Tech Nation Visa Scheme, 사업 성공 사례를 공유하고 교류를 지원하는 테크네이션 얼라이언스Tech Nation Alliance 사업, 디지털 스타트업의 창업을 지원하는 온라인교육 프로그램, HQUK라는 해외 디지털기업의 영국 내 본부 유치를 위한 관련 부처 간 총괄 지원 체제 등이 효과를 나타냈기 때문에 가능한 것이었다.

런던의 테크시티에는 금융 중심지 런던의 강점을 확장할 수 있도록 핀테크 등 디지털 관련 스타트업을 유치하고, 새로운 국제투자를 이 지역으로 끌어옴으로써 낙후된 지역개발과 동시에 새로운 테크 클러스터를 조성하겠다는 미래 전략이 담겨 있다. 런던시는 기존의 테크시티 지역에서 런던올림픽을 위해 만들어 놓은 올림픽공원 일대까지 개발을 확장하여 미국의 실리콘밸리와 같은 대규모 혁신 클러스터를 만들려고 하고 있다. 올림픽공원의 미디어센터를 스타트업을 위한 액셀러레이터 공간으로 전환하여 런던올림픽을 위해 투자한 시설과 공간을 효율적으로 활용하고 있고, 런던 외곽 지역을 도심과 같은 국제화 지역으로 개발하겠다는 도시개발계획도 발표하였다. 테크시티는 런던시와 민관 파트너십이 실행 기관 역할을 하고 있는데, 런던앤파트너스London&Partners, 테크시티 투자기관Tech City Investment Organisation, 런던유산개발회사London Legacy Development Corporation가 참여하고 있다.

영국 런던 메드시티(MedCity)

런던 메드시티는 2014년 런던시장 보리스 존슨이 런던시, 영국 고등교육기금위원회The Higher Education Funding Council for England, HEFCE, 런던의 3개 연구중심대학(임페리얼칼리지 런던, 유니버시티칼리지 런던, 킹스칼리지 런던)과 공동으로 설립한 비영리기관으로 이 3개 대학의 공동연구를 촉진하고, 나아가 옥스퍼드, 케임브리지, 런던을 잇는 삼각지역Golden Triangle의 바이오메디컬 생태계를 지원하고 육성하기 위해 설립한 것이다.

메드시티의 주된 역할은 네트워킹이다. 런던의 주요 연구중심

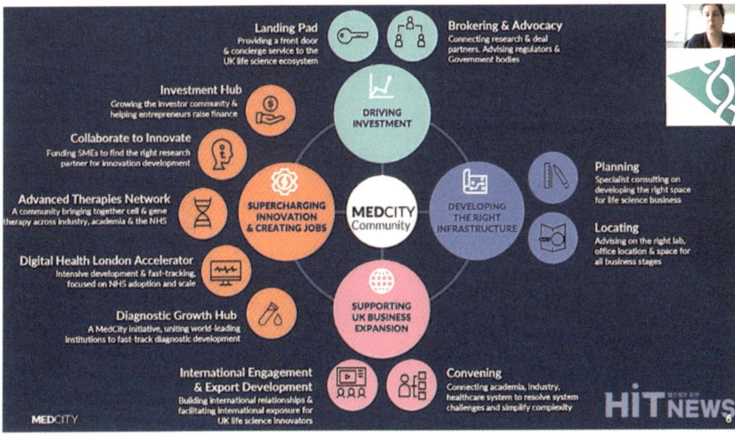

그림 6 런던 메드시티의 역할과 기능

자료: 황재선, 2022. 3. 10., "영국 메드시티로… '진출 기업에 네트워킹·투자 지원'", HIT NEWS, http://www.hitnews.co.kr/news/articleView.html?idxno=38549.

대학과 민간기업, 국가의료보건서비스National Health Service, NHS, 자선기관, 연구기관들과 전략적 협력관계를 형성하고 연계하는 것이 주된 업무이다. 한마디로 메드시티는 런던시가 영국 고등교육기금위원회, 연구중심대학들과 함께 세계적인 바이오테크 클러스터를 런던에 조성하기 위해 출범시킨 것이다. 테크시티가 실리콘밸리를 염두에 둔 클러스터라면 메드시티는 런던의 수준 높은 고등교육과 의료를 바탕으로 창업, 투자, 교육 생태계를 조성하여 보스턴 바이오테크 허브와 경쟁할 수 있는 바이오테크 클러스터로 육성하겠다는 의지가 표현된 것이다.

지자체·대학·산업의
전략적 파트너십을 위해 필요한 것

지자체·대학·산업의 전략적 파트너십이 성공적으로 작동하기 위해서는 도시 발전을 위한 미래 구상이 먼저 제시되어야 한다. 지자체가 도시라는 공간 위에 대학의 교육과 연구 기능, 기업을 위한 지원체계 등을 유기적으로 연계하는 것이기 때문에 도시의 미래 지향이나 추구하는 미래 구상이 정확히 제시되어야 자원을 효율적으로 배분할 수 있다. 이 과정에서 정부나 공공의 역할, 대학과 기업의 역할, 협력 파트너십이 필요한 영역과 작동 방식이 자연스럽게 도출될 수 있을 것이다. 여기에는 혁신을 주도하는 한 축인 대학의 역할이 중요하다. 대학에서 질 높은 연구 성과와 기술이 창출되지 않는다면 혁신 생태계의 작동을 기대하기 어렵기 때문이다.

세계적인 대학은 어느 한순간 만들어지지 않는다. 우수한 학생과 교원, 문화 수준, 지식네트워크, 경제력, 창의성을 존중하는 문화, 지적 기반, 사용하는 언어 등이 잘 갖추어져야 세계적인 대학이 될 수 있다. 대학의 질 높은 연구 성과는 산업계와 연계되어 사업화되어야 혁신의 메커니즘이 작동할 수 있다. 세계적인 대학들은 교육과 연구를 통해 고급 기술과 원천기술을 만들어 내고, 지식재산권으로 등록하여 라이선싱 등의 과정을 거쳐 사업화함으로써 다양한 부가가치를 창출하고 있다. 혁신 생태계에서는 이러한 과정을 통해 인재와 자본이 모여들어 생태계가 확대 재생산되는 선순환구조를 취하게 된다. 여기서 네트워킹이 중요하다. 보스턴 바이오테크허브나 런던의 테크시티, 메드시티의 경우에도 네트워킹이 중요함을 발견할 수 있다. 전문적으로 관련 당사자들을 네트워킹 혹은 연결시켜 준다는 것은 거래가 성사될 수 있도록 지원해 준다는 뜻이다. 글로벌 라이선싱이 손쉽게 체결될 수 있도록 지원하여 더 많은 연구자와 사업가가 혁신 생태계로 모이게 만드는 것이다.

네트워킹에 있어서 중요한 것은 전문 인력과 지원서비스이다. 혁신 생태계가 활성화된 곳에는 벤처캐피털과 역량 있는 액셀러레이터, 경험 많은 사업가들이 있기 마련이다. 이들을 통해 한 사람이 여러 개의 스타트업을 창업 또는 인수하거나 한 기업이 수십 개의 기업에 투자하는 경우를 자주 보게 된다. 혁신 생태계는 그 자체가 복잡계이다. 행위의 주체도 다양하고 예측 불가능한 상호작용과 불균형 상태가 존재하는 시스템에서 현재의 상태를 파악하고 무엇을 변화시킬 것인가에 초점을 두고 움직이기 때문에 역량 있는 액셀러레이터, 경험 많은 사업가, 벤처캐피털이 이끄는 스타트업들이 유니콘으로 성장할 가능성이 클 수밖에 없다.

접근 가능한 시장의 위치와 규모도 중요하다. 미국의 실리콘밸리, 보스턴의 바이오테크허브, 런던의 테크시티와 메드시티, 중국의 선전 경제특구 등 성공적인 혁신 클러스터 주변에는 넓은 시장이 있다. 거대한 수요를 창출할 수 있는 시장이 가까이 있다면 비용을 적게 들이고도 효율성과 경제성, 편의성을 확보할 수 있다. 우리와 같이 내수 규모가 크지 않은 경우, 목표하는 시장의 범위를 전략적으로 획정할 필요가 있다. 이스라엘처럼 본국과 미국 시장을 동시에 고려하여 접근해야 한다고 생각한다. 또한 혁신 기술과 사업에 대한 보조금과 조세특례제도의 정비가 뒤따라야 하고, 대학이나 기업들이 단기적인 성과만을 쫓지 않도록 정부와 지자체의 지원 조건과 성과평가 기준을 정비해야 한다.

마지막으로 대학과 기업이 지역에서 성공적으로 혁신을 이끌어 나갈 수 있도록 지자체는 공간이나 교통, 정주 여건을 마련해 주어야 한다. 선진국 사례에서 볼 수 있듯이 혁신 클러스터는 지역개발사업과 함께 이루어지는 경우가 대부분이다. 혁신을 주도하는 대학과 기업들은 연구개발 공간, 창업비즈니스 공간, 컨벤션 공간 등을 확보하여야 하고, 공항, 철도, 도로 등 편리한 교통망이 필요하다. 또한 연구자, 사업가, 직원, 학생 등 여러 연령층이 거주할 수 있는 다양한 형태의 주거지가 조성되어야 하고 엔터테인먼트, 문화시설, 쇼핑시설, 학교, 병원 등이 있어야 한다. 지난 정부 시절 지역마다 혁신도시를 건설하면서 이러한 생활 기반 시설을 갖추지 않고 공공기관들을 이주시킨 결과 수많은 사람이 서울에서 통근할 수밖에 없도록 만든 실책을 기억해야 한다. 사람들이 스스로 모이도록 만들어야지 이를 강제해서는 성공할 수가 없다.

우리가 미국이나 영국과 같이 성공적인 지자체·대학·산업의 전략적 파트너십 사례를 만들어 내기 위해서는 그들을 단순히 모방하기보다 새로운 것을 개척하는 자세로 도전하는 것이 필요하리라 생각한다.

5장

스타트업 허브 서울의 성공 방정식

◈ 박재민 ◈

건국대학교 교수

유니콘 창출을 위한 지자체의 전략

우리는 유니콘을 성공적인 경제정책의 중요한 지표로 떠올린다. 유니콘은 도시의 경제적 활력을 나타내는 지표이기도 하다. 굳이 과거부터 현재까지의 수치를 시계열적으로 배치해 도식으로 나타내지 않더라도 두 가지 사이의 긍정적 관계를 가늠하는 것은 어렵지 않다. 기업의 경제활동과 관련해 어떤 메트로폴리탄 지역의 여건이 탁월하다면 그곳은 소위 풋루즈footloose 기업의 이상적인, 그리고 궁극적인 종착역이 될 것이다.

만일 우리가 이것을 풋루즈 기업의 행동양식으로 동의한다면 스타트업 기업도 예외일 수 없다. 혹자는 이들의 행태가 기존 기업이나 이미 설립되어 궤도에 오른, 소위 인컴번트incumbent 기업과 다른 행동양식을 가진다고 한다. 하지만 이들이 소위 특정 지역에 연고가 있음에도 불구하고 새로운 생산 시설이나 물류거점은 물론 심지어 본사조차 이전한 사례는 드물지 않다.[2]

이 같은 점에서 볼 때 특정 지역에 대한 일종의 매몰비용sunk cost이 없는 탓에 굳이 구애될 필요가 없고, 사업 확장에 따라 새로운 시설이나 거점을 확장해야 하는 스타트업의 행동을 풋루즈 기업에 준하여 예측하는 것은 어찌 보면 당연하다. 특히 스타트업에 성장한 유니콘이나 예비 유니콘 단계의 기업이 내부적 성공을 유지하기 위해 외부적 요소를 제공받을 수 있다는 것은 무엇보다 중요한 공간 선택의 기준이 된다는 점 역시 부인할 수 없다.

이런 관점에서 지자체의 풋루즈 기업에 대한 정책적 제안이 기업의 전략적 의도와 동조화되어야 하는 것은 유니콘기업을 창조하기 위한 전략에서 가장 중요하거나, 혹은 중요한 요소 중 하나로 보아야겠다. 그럼에도 이런 전략적 관점에 추가로 고려할 사항이 있다. 자자체가 스스로를 기업이나 비즈니스 혹은 경제적 논리나 원리와 무관하다고 여기는 것이다.

만일 어느 특정 지자체가 이런 자만심에 빠져 있다면 유니콘을 기반으로 한 메트로폴리탄의 성장을 지향하는 것은 진즉 포기하는 것이 나을 수 있다. 왜냐하면 모든 사례는 정책이 기업과 경제 논리를 거스르거나 지배할 수 없음을 역사적으로 증명하고 있기 때문이다. 우리는 이 점에서 지방정부가 어떤 생각의 함정에 빠져 있는지부터 따져 보아야 하겠다.

스타트업 정책과 생각의 함정

스타트업이나 유니콘 창조와 관련한 지방정부의 근본적인 실패 원인은 실상 열심히 하지 않아서가 아니다. 지자체가 나름 최선을 다해서 스타트업을 육성하고 유치하기 위해 갖가지 활동을 열심히 한다고 해서 반드시 성공하는 것이 아니라는 것이다. 이 명제를 추론할 수 있는 답은 세 가지이다.

첫 번째 이유는 지자체의 제안이 기업의 관점에서 그것이 스타트업이든 유니콘이나 예비 유니콘이든 아니면 심지어 인컴번트 기업이든 성공의 필요충분조건일 수 없다는 것이다. 이것은 전통적 경제학 개념인 비대칭적 정보 가설을 굳이 불러들이지 않아도 판단할 수 있는 전형적인 부조화의 결과이다.

다시 말해 지방정부는 자신이 제시하는 최선의 제안이 풋루즈 기업의 입지 선택 과정에서 단지 부가적인 요소라는 점을 인정해야 한다. 이 같은 부조화는 지자체가 대화의 상대로 삼고 싶은 매력적인 기업들에서 더 커질 것이다. 왜냐하면 이 기업에는 지방정부가 제안할 수 있는 인센티브를 연계할 다른 선택지가 이미 많기 때문이다.

두 번째 이유는 더 간단하면서도 논쟁적이다. 바로 기업의 성공 논리는 명료하다는 점이다. 이 점에서 보면 지자체의 역할은 기업의 성공에 기여하는 것이다. 지자체가 기업의 성공 원리를 바꿀 수 없는 것이다. 즉 지자체나 지방정부의 정책은 부수적이거나 아무리 긍정적으로 표현하더라도 필수적이지는 않다는 것이다.

세 번째 이유는 지자체가 범하기 쉬운 또 하나의 인식 오류, 즉 잘못된 동조화에 대한 착각이다. 지자체는 자신이 관할하는 지역과 스스로를 동일시하는 경향이 있지만, 이는 사실과 다르다. 지방정부가 지역의 공간적 조건을 개선할 수는 있어도 그 한계를 완전히 극복하기는 어렵다. 하지만 기업 유치에 성공한 지역의 경우 역사적으로 조성된 공간적 조건을 적절히 활용하거나 편승하고 있음을 볼 수 있다.

우리는 이 문제 제기를 통해 자연스럽게 보다 보편적으로는 기업, 조금 구체화하여서는 스타트업이나 예비 유니콘에게 있어 성공 원리란 무엇인지를 다루어야 할 것이다. 만일 성공 원리를 다루는 데 있어 적어도 지방정부의 인식이나 혹은 생각의 오류가 명료하다면 이러한 인식을 바탕으로 정책 방향을 설정하는 것이 더 논리적이고 효과적일 수 있기 때문이다.

기업 성공의 원리

기업 성공의 원천

우리는 대상이 기업이든 스타트업이든 이들의 성공과 실패 요인이 무엇인지 일반적 관점에서 이해할 필요가 있다. 공교롭게도 이것은 지방정부의 시도가 왜 실패하는지를 이해하는 데도 유용한 출발점이라고 하겠다.

이 논의를 위해 하버드경영대학원의 게리 피사노 교수의 주장을 살펴보고자 한다. 그는 기업의 실패 요인이 실행을 잘못해서가 아니라 적절한 혁신전략의 부재에 있다고 말한다. 조금 과장한다면 그가 말하는 '적절한 혁신전략'이 부재하다면 기업은 종국에 실패를 맞이할 수밖에 없다.

"관리 시간과 비용에 대한 막대한 투자에도 불구하고 많은 기업에서는 혁신을 추구하는 데 어려움을 겪고 있습니다. 폴라로이드, 노키아, 선마이크로시스템즈, 야후, 휴렛패커드 등 수많은 사례에서 볼 수 있듯이 혁신 계획은 자주 실패하고 한때 성공적인 혁신기업도 성과를 유지하는 데 어려움을 겪습니다. 혁신 역량을 구축하고 유지하는 것이 왜 그렇게 어려운가요? 그 이유는 일반적으로 언급되는 원인인 실행의 실패보다 훨씬 더 깊은 곳에 자리하고 있습니다. 혁신의 노력이 실패하는 원인은 바로 혁신전략의 부재에 뿌리를 두고 있기 때문입니다."

나아가 이 '적절함'이란 성공을 가능하게 한다는 조건에 부합한다는 의미이다. 따라서 기업이 성공하려면 이러한 '적절한 혁신전략'이 사전에 준비되어야 한다. 물론 이 점은 기업뿐 아니라 지방정부에도 동일하게 적용된다. 쉽게 말해 열심히 무언가를 한다고 목표를 달성할 수 있다는 인식은 잘못된 정책적 전제인 셈이다.

저명한 피터 드러커의 주장도 일치한다. 드러커 역시 기업의 실패가 단지 열심히 하지 않아서가 아니라 심지어 옳은 일(실상은 이렇게 보이는 것)을 하는 데서 비롯된다고 주장한다.

"이러한 위기의 근본 원인은 일이 제대로 이루어지지 않고 있기 때문은 아닙니다. 심지어 잘못된 일들이 행해지는 것도 아닙니다. 실제로 대부분 옳은 일을 하고 있지만 그 성과는 없습니다. 이 명백한 역설의 원인은 무엇일까요?"

이런 그의 주장은 '비즈니스론'으로 확장된다. 즉 기업의 실패는 잘못된 가정으로부터 시작되며, 만일 성공을 위한 전략적 접근과 목적이 명확하지 않다면 기업은 궁극적으로 실패할 수밖에 없다는 것이다.

"그 원인은 조직이 구축되어 운영된다는 가정이 더 이상 현실과 맞지 않는다는 데 있습니다. 이러한 가정은 조직의 행동을 형성하고, 무엇을 해야 하는지, 무엇을 하지 말아야 하는지를 결정하며, 조직이 중요하게 여기는 결과를 정의하는 것입니다. 이러한 가정은 시장에 관한 것입니다. 그들은 고객과 경쟁사, 고객의 가치와 행동을 정의하는 것입니다. 그들은 테크놀로지와 테크놀로지의 역동성, 기업의 장점과 단점에 관한 것입니다. 이러한 가정은 기업이 받는 보상에 관한 것이기도 합니다."

이런 피터 드러커의 주장과 다른 기업의 실패 요인을 통해 성공의 조건을 파악할 수 있다. 즉 성공할 수 있을 때 성공한다는 것이다. 조금 유보적으로 말한다면 성공할 수 있는 조건에서 성공의 가능성은 높아진다는 것이다. 그리고 기업의 성공이 이 같은 조건문에 귀속된다면 지방정부의 정책적 성과는 '무엇을 하느냐'가 아니라 기업의 성공 조건을 충족시키기 위해 얼마나 기여하느냐로 수렴되겠다.

이 점은 인컴번트, 풋루즈 기업이나 스타트업에도 동일하게 적용된다. 단지 이들의 조건이 다를 수 있다는 차이만 있을 뿐이다.

스타트업과 유니콘, 성공의 기준

기업의 성공과 실패에 대한 이해와 함께 우리는 스타트업에 대한 질문을 창의적으로 윤색할 필요가 있다. 이런 윤색의 결과물로 적당한 것 중 하나는 '그들은 어떻게 생존하는가'일 것이다. 이에 대한 답은 스타트업이 지속적인 성장을 통해서만 생존할 수 있다는 것이며, 이는 이론異論의 여지가 없을 정도로 명확하다. 스타트업 다수의 생존에서 가장 중요한 것은 지속해서 새로운 자금을 수혈받는 것이다. 이 조건이 충족되지 않은 채 초기부터 생존하고 자신의 혈류를 유지할 수익을 거두는 초기 스타트업은 많지 않을 것이다.

이런 점에서 스타트업의 생존은 바로 성장을 전제로 한다는 가정에 무리가 없다. 아니 성장을 먹고 비로소 생존하는 셈이다. 이 사실을 여실히 보여 주는 기업이 다름 아닌 아마존, 구글, 페이스북, 링크드인 등이다. 예를 들어 아마존은 직원이 151명에서 7,500명으로 늘어나는 데 고작 3년이 소요됐다. 구글은 284명에서 1만 6,805명이 되는데 6년이 걸렸고, 페이스북은 150명에서 3,200명까지 5년 남짓 걸렸다.

우리는 이런 기업들을 통해 유니콘은 마치 언제든지 마음먹고 열심히 지원하면 만들 수 있다고 생각하는 지자체에 의해서가 아니라, '성공할 수 있는 조건을 충족한 누군가의 결과물'로 창조된다는 점을 알 수 있다. 더불어 이 경로를 따라나서지 못한 많은 스타트업은 긴 정체기를 견뎌야 한다는 점을 짐작할 수 있다.

이 소단락을 마무리하기 전에 '스타트업의 성공은 어디서 오는

가'라는 관점에서 앞서 언급한 아마존, 구글, 페이스북, 링크드인과 같은 글로벌기업들의 성공 비결을 살펴보자. 이들은 도약기 동안 기업의 직원 수 증가보다 수익이나 고객 수 증가세가 더 가팔랐다.

즉 이들은 초기 성장기가 앞서 언급한 소위 성장이라는 조건에 충실히 부합할 수 있었다는 점이다. 이들의 매출과 고객 수의 급격한 증가는 지속적인 자금 유치를 가능하게 했고, 이를 통해 조직의 규모와 실행 능력을 확장해 나갈 수 있었다. 이로써 이들 기업은 유니콘으로 성장하기 위한 세 종류의 규모를 갖출 수 있었다. 매출 증대, 고객 기반 확대 그리고 조직 확장이다.

여기까지 논의를 통해 우리 자신에게 던져 봐야 할 한 가지 질문이 있다. 여기서 지방정부의 역할은 어디에 있는가이다. 아마 이즈음에서 당신은 강하게 고개를 가로저을 것이다. 만일 당신이 그렇다면 이 글의 논지를 오해하고 있는 셈이다. 왜냐하면 우리는 어디에 지자체, 특히 서울의 전략적 지향이 있어야 하는지를 밝히려 하기 때문이다. 물론 이 글의 후반부에서 말이다.

유니콘 성공 로직 사례

그렇다면 지방정부의 역할은 무엇일까. 이 질문에 대한 답은 '지방정부의 역할이 있을 수도 있고 없을 수도 있다'는 것이다. 것이다. 다시 말해 지방정부의 생각에 따라 다르다는 것이다. 만일 지방정부가 스스로 뭔가를 할 수 있다는 전제하에 접근한다면 후자에 해당한다. 하지만 성공의 조건이 형성되도록 혹은 작동되도록 자신의 역할을 찾으려 한다면 전자에 해당할 수 있다.

이즈음에도 대개의 주장은 잘나가는 지자체의 정책 사례로 탐닉하는 것으로 방향을 잡을 것이다. 하지만 이것은 잘못된 접근 방법이다. 앞서 언급한 논지에서와 같이 우리가 초점을 맞춰야 할 대상은 지자체가 무엇을 했느냐가 아니라 성공한 기업의 조건에서 그 지역적 자산이 어떻게 기능했는가를 밝히는 것이다. 물론 이 과정을 통해 우리가 추측하고자 하는 것은 지역 내 귀속된 자산과 역량을 개선하거나 지속해서 혁신해 나가는 데 지방정부가 어떤 역할을 해야 할 것인가이다.

우리는 여기서 두 사례를 보고자 한다. 그중 한 기업의 사례이고, 다른 하나는 공간이란 조건이 어떻게 기능하는지 보여 주는 사례이다.

파스퇴르 쿼드런트(Pasteur's Quadrant) 생태계의 산물: 모더나 테라퓨틱스(Moderna Therapeutics)

2020년 11월 30일, 모더나는 mRNA 백신에 대한 3상 임상시험에서 그전 10개월 동안 전 세계적으로 약 150만 명의 사람을 죽인 SARS-CoV-2 바이러스에 대해 95퍼센트의 보호 효능이 입증되었다고 발표한다. 코로나19 백신 경쟁에서 비교적 후발 주자이자 팬데믹 전에는 거의 알려지지 않았던 기업인 모더나는 하룻밤 사이에 성공을 거둔 것처럼 보였다. 이 성공은 물론 모더나라는 기업의 성공이기도 했지만, 생명과학의 미개척 분야에서 획기적인 구상을 상업적 결과로 전환한 시장 생태계가 거둔 성공이기도 하다.

모더나의 성공은 단지 한두 명의 노력으로 이루어진 것이 아니다. 2010년 봄, 훗날 모더나의 공동 창업자가 되는 누바르 아페얀Noubar Afeyan과 MIT 화학공학 교수인 로버트 랭어Robert Langer가 하버드 의과대의 데릭 로시Derrick Rossi의 아이디어를 논의하기 위해 만난 것으로 시작됐다. 물론 로시의 연구가 무에서 창조된 것은 아니다. mRNA를 사용해 특정 종류의 세포(섬유아세포)를 재프로그램하여 줄기세포를 생성한 다음 이를 다른 여러 종류의 세포로 조작하는 방법에 대한 펜실베니아대의 커털린 커리코Katalin Karikó와 드루 와이스먼Drew Weissman의 연구를 기반으로 한 것이었다.

아페얀은 mRNA를 사용하여 세포에 약물을 만들도록 지시하는 것이 가능할지 궁금했다. 물론 이것은 수십 년 동안 제기됐지만 아직 현실로 구현되지 않은 아이디어였다. 아페얀은 자신의 혁신 연구소이기도 한 플래그십 랩스flagship labs에서 'mRNA를 통해 환자가 스스로 치료제를 만들 수 있을까?'라는 질문에 대한 탐색 연구를 시작한다.

이 과정에서 아페얀과 파트너인 더그 콜Doug Cole은 분자 및 세포생물학에서 생물공학 및 나노기술에 이르기까지 다양한 분야의 과학자들을 면담할 수 있었다. 또 RNA 생물학의 선구자이자 노벨상 수상자 잭 쇼스택Jack Szostak의 연구실에서 두 명의 젊은 연구원을 고용해 탐색을 시작하였다. 물론 이것은 곧 수십 개의 새로운 퍼즐을 더 만들었을 뿐이다. 연구 과정에서 본질적으로 불안정하고 혈류에서 분해되기 쉬운 mRNA에 대한 선천 면역반응을 줄이는 데 성공했지만 mRNA는 여전히 너무 높은 면역반응을 유발했다. 여러 질문에 대한 동물 데이터도 없었다. 이러한 의문에 대한 연구가 전혀 없었을 뿐만 아니라 이를 해결할 도구도 만들어지지 않은 채였다.

하지만 2010년 가을, mRNA의 새로운 화학적 변형과 치료적 구성을 포함하는 특허를 출원할 수 있었고, 2011년에 이 탐색 연구는 '조작된modified'과 RNA의 합성어인 모더나Moderna라는 이름을 갖게 된다. 그리고 6개월 후 화학적으로 변형된 mRNA가 주입된 쥐 중 일부가 단백질을 생산하기 시작한다.

생체학적 전사transcription와 번역translation 과정에서 mRNA가 살아남았다는 것은 놀라운 일이다. 하지만 자신의 가설에 대한 과학적 타당성의 첫 증거를 거둔 후 무려 10년 동안 생존할 수 있었다는 것은 연구실뿐 아니라 보스턴 스타트업 생태계의 성공이기도 했다. 또한 이 성공의 최종 수혜자 중 하나는 이것을 가꿔 낸 보스턴 생태계였다.

텍사플렉스(The Texas Triangle)가 만든 아웃라이어: 사우스웨스트항공

1967년 3월의 어느 날이었다. 변호사 허브트 켈러허Herb Kelleher는 그의 고객인 롤린 킹과 한 식당에 앉아 있었다. 소규모 항공사 경영에 실패한 롤린 킹Rollin King에게 켈러허는 냅킨 한 장을 꺼내 놓고 삼각형 하나를 그린다. 그리고 삼각형 세 꼭짓점에 댈러스, 샌안토니오, 휴스턴을 적는다. 캘러허는 마치 버스가 정해진 노선을 따라 운행하듯이 세 도시를 순환하여 운항하자는 아이디어를 냈다.

이렇게 시작한 항공사가 사우스웨스트항공이다. 이 소규모 지역 항공사는 항공 사업의 최전성기에 성장한 것이 아니다. 오히려 팬암, 트랜스월드, 이스턴, 노스웨스트 항공이 사라지는 격변기를 거쳐 2020년쯤 유나이티드, 아메리칸, 델타 항공을 넘어선다.

이런 사우스웨스트의 성공 원인은 잘 알려진 듯 보인다. 보잉

737만 운항했고, 퍼스트 클래스와 비즈니스석을 없애고, 조종사와 승무원이 청소를 하고 짐을 날랐다. 또한 수화물을 적재하고 기체를 손보는 등 이륙에 필요한 준비 시간을 기존 항공사의 절반으로 줄인 것도 성공 원인으로 꼽힌다.

물론 이것이 사우스웨스트의 성공 원인 중 중요한 부분일 수 있다. 하지만 근본 원인은 바로 사우스웨스트가 태동한 토양, 텍사플렉스Texaplex라고 말할 수 있다. 댈러스, 샌안토니오, 휴스턴을 세 꼭짓점으로 하는 이 텍사플렉스 안에는 미국 20대 대도시 중 무려 5개 도시가 있고, 텍사스 주민의 70퍼센트인 2천만 명이 살고 있다. 메트로폴리탄이 여러 개 중첩되어 있는 메가 메트로폴리탄 중 하나이기도 하다. 그뿐 아니라 텍사스대의 여러 캠퍼스, 텍사스 A&M, 라이스대, 서던메소디스트대, 휴스턴대 등 수많은 대학도 텍사플렉스에 위치한다.

이들 세 도시를 연결하는 인터스테이트 10번, 35번, 45번을 타면 어디든 4시간 혹은 4시간 반 남짓 소요된다. 하루 안에 출장을 다녀오기는 무리이다. 하지만 비행기를 탄다면 어디든 1시간이면 오갈 수 있다. 많은 사람이 사우스웨스트와 허브트 캘러허에 주목한 채 텍사플렉스 혹은 텍사스 트라이앵글의 역할을 보지 않는다. 하지만 사우스웨스트는 지금 '세계경제에 떠오르는 강자'로 불리는 이 지역이 맛보기로 내놓은 산물인 셈이다.

인컴번트로부터의 돌연변이: 레드박스(RedBox)

김위찬과 르네 마보안Renee Mauborgne은 2004년 그 유명한 '블루오션 전략'을 제시한다. 여기서 그들은 통찰력 있는 주장을 쏟아 놓았다. 그 주장에는 우리가 기억할 가치 있는 내용이 많다. 그 중에 한 대목은 성공의 원리에 대한 흥미로운 관찰의 결과이다.

"(일반적인 상식과는 달리) 기존 인컴번트 기업은 블루오션의 원천입니다. 그리고 대개 자신의 핵심 사업 내에서 이것을 창출합니다. 일본의 자동차 제조업체, GM과 크라이슬러가 자동차산업에서 블루오션을 창출했을 때 이미 자리를 잡은 기업이었습니다. 컴퓨터산업에서는 CTR과 그 이후의 IBM, 컴팩도 마찬가지였습니다. 영화산업에서는 AMC도 마찬가지입니다. 우리가 블루오션 크리에이터로 여기에 나열된 기업 중에서 포드, 애플, 델, 니켈로디언Nickelodeon만이 해당 산업에 새로 진입한 기업이었습니다. 처음 세 기업은 스타트업 기업이고, 네 번째 기업은 해당 산업에 새로 진출하고자 한 기존 기업이었습니다. 이는 기존 기업이 새로운 시장 공간을 창출하는 데 불리하지 않다는 것을 시사합니다. 게다가 기존 기업이 만든 블루오션은 대개 핵심 사업 내에서 만들어졌습니다. 사실 대부분의 블루오션은 기존 산업의 레드오션 너머가 아닌 바로 그 산업 내부에서 만들어집니다. 이는 새로운 시장이 먼바다에 있다는 관점에 도전합니다. 블루오션은 모든 그리고 모든 인컴번트 기업에서 바로 자신의 곁에 존재합니다."

우리는 이런 김위찬과 르네 마보안의 주장과 관련해 유니콘 창조 시 지방정부의 역할에 관한 흥미로운 함의를 찾아볼 필요가 있다. 애플과 델은 스타트업으로 시작됐다. 이런 점에서 블루오션 전략에서 제시한 설명만으로 이들의 주장에 대한 논거가 충분하다고 할 수 있다. 하지만 이와 관련해 흥미로운 사례를 추가하는 것은 어려운 일이 아니다. 여러 관점에서 레드박스는 더없이 안성맞춤의 사례다.

레드박스는 2002년 맥도날드의 벤처 유닛인 맥도널드벤처스McDonald's Ventures, LLC에서 태동했다. 처음에는 맥도널드 매장으로 고객을 유인하기 위해 시작한 노력의 일환이었다. 이 과정에서 키오스크를 통한 저렴한 비용의 디브이디DVD 대여가 매력적인 아이디어로 떠오른다.

이렇게 레드박스의 첫 번째 키오스크는 2004년 콜로라도주 덴버에서 출시되었다. 2005년이 되자 800개가 넘는 레스토랑으로 확대된다. 2005년 11월 코인스타Coinstar, Inc.는 지분의 47.3퍼센트를 인수하고 사업부는 맥도널드에서 분사된 후 2009년 초 코인스타에 완전히 인수된다.

레드박스는 넷플릭스와 블록버스터가 주도하는 시장에서 고객이 쉽게 접근할 수 있는 위치에 키오스크를 배치하고 하루에 1달러라는 저렴한 비용으로 즉각적 편의를 제공하며 고객의 요구를 충족시켰다. 물론 멤버십은 필요하지 않았다.

2007년까지 레드박스는 고객의 접촉 지점 면에서 블록버스터를 앞지르고 2010년 초까지 전국적으로 약 2만 3,000개의 키오스크를 보유하게 된다. 2010년 상반기까지 디브이디 키오스크는 디브이디 대여 시장의 약 19퍼센트를 차지할 수 있었다.

스타트업 허브 서울을 위한 함의

우리는 그동안 수없이 많은 토론과 사례 연구를 거치며 유니콘 창조를 위한 가장 흔한 처방이 한편으로는 대증적이었고 다른 한편으로는 대중적인 혹은 소위 유행이나 누군가가 그렇게 성공했다고 하니 나도 따라하는 데 경도되어 있음을 알게 되었다.

많은 스타트업 정책의 사례가 지방정부의 지나치게 관치적이고 희망적인 시나리오 속에서 적절한 사전 진단이나 예상 밖 상황에 대한 대비책과 대안 없이 추진되었음을 잘 알고 있다. 하지만 지방정부는 단지 재원만을 조성하고 나머지는 스타트업이나 기업의 자유방임에 맡겨야 한다는 주장도 많이 목격해 왔다.

우리는 전자의 관점과 대칭점에 있는 후자의 접근이 현실적이지 않을뿐더러 성공을 담보하기 힘들다는 점을 알고 있다. 흔히 실리콘밸리를 원용하는 이 주장은 정부나 공공부문이 생태계의 위험을 인수하거나 담보하라는 것이며 이것은 건전한 생태계의 생존 법칙과 어긋난 것이라는 점에서 스타트업을 마치 공공재로 인식하는 잘못된 시도의 파생물이기도 하다. 그렇다면 지자체는 어디에서 자신의 역할을 시작하고 또 한계 지어야 할까. 특히 이것이 서울을 향한 조언이라면 말이다. 그 첫 번째 함의는 분명 서울의 탁월한 유무형 자산에 기반해서 착안되어야 한다는 것이다. 그중 서울이 전 세계에서 가장 대학이 많은 도시 중 하나라고 단언할 수는 없지만 분명 지식 창조의 기반을 가진 메트로폴리탄인 것만은 사실일 것이다.

이 점에서 서울은 파스퇴르 쿼드런트 생태계Pasteur Quadrant Ecosystem, PQE를 보유하고 있다고 말할 수 있다. 여기서 파스퇴르 쿼드런트 생태계란 수요에서 영감을 받은 문제점을 해결하기 위해 기초과학의 경계를 확장하는 역량을 갖춘 생태계를 말한다. 이 생태계의 명칭으로 사용된 파스퇴르는 그의 경력 내내 결핵, 탄저병, 광견병과 같은 질병과 싸우고 식품 부패를 방지하려는 분명한 목적을 이루기 위해 기초과학의 발전에 의존했다.

앞선 사례에서 다루었던 모더나 테라퓨틱스의 성공을 가능하게 했던 보스턴은 단지 이들의 과학적 도전에 충분한 펀드를 제공할 수 있었다는 점에서 독보적이었다기보다 이 같은 과학적 도전을 가능하게 하는 기초의학 분야의 무형자산을 제공할 수 있었다는 점에서 독창적인 PQE의 사례이자 한 도시가 자신의 성공 전략을 탐색하는 데 고려해야 할 의미 있는 예제라고 하겠다.

이번 고찰이 제시하는 두 번째 함의는 범공간적 경쟁력meta-spatial competitiveness이다. 이것은 단지 행정적 경계선으로 구분된 특정 도시에 국한하여 접근하는 종래의 정책과는 달라야 한다는 점을 말한다. 앞서 살펴본 사례 중 텍사플렉스는 세 도시가 꼭짓점이 된, 종종 텍사스 트라이앵글이라고도 불리는 경계 없는 지역적 경쟁력을 기반으로 한다. 텍사플렉스가 삼각지대라는 점에서 경계선을 설정할 수 있지만 누구도 이 경계선을 텍사플렉스라는 유기체의 한계선이라고 여기지는 않는다.

이런 의미에서 서울을 스타트업 허브로 만들기 위해서는 사고의 틀을 서울에 국한해서는 안 된다. 여기에는 공단이나 도로망, 발전시설 같은 고정된 사회 기반 시설과 주거나 교통, 통학과 통근, 투자 같은 유량적 요소뿐 아니라 수자원, 공기 질과 같은 환경적 요소까지도 통합하여 관찰하고 고려하여야 한다.

실상 공간적 원심력과 구심력 관점에서 본다면 각 도시는 경쟁관계로 인식될 수밖에 없다. 예를 들어 판교의 부흥이 서울의 절대적 흡입력을 감소시킨 것은 분명해 보인다. 하지만 양재-판교축이라는 새로운 가능성도 제시했다. 이것은 마치 인공지능과 인간의 관계와도 유사하다.

엑센츄어의 제임스 윌슨James Wilson과 시릴 바탈러Cyrille Bataller가 '어떻게 인공지능을 활용해 능률을 높일 것인가How people will use AI to do their jobs better'에서 "컴퓨터는 인간의 역할을 많이 뺏었지만 실상 많은 경우 결합되거나 증강하고 있었다. 과거에도 인간 대 기계Person versus Machine가 아니라 인간과 기계Person and Machine의 관계였고, 앞으로도 그럴 것이다"라고 주장한 것이 공간적 맥락에서도 유용하다. 누군가가 서울의 역량을 증강할 수 있다면 대결 관계 대신 혹은 대결 관계와 더불어 협력 관계가 이루어져야 한다.

이 점에서 우리는 자연스럽게 서울이란 메트로폴리탄 지역이 가진 경쟁력 있는 자원에 주목해야 한다. 그것은 바로 인컴번트 기업들이다. 서울은 이들 중 거대기업이라고 부를 많은 기업의 둥지이고 앞으로도 그럴 가능성이 높다. 레드박스의 사례를 단지 하나의 벤처나 기업가적 모험이라고 본다면 그것은 이 사례가 가진 함의와 의미의 겨우 끄트머리를 탐닉하는 데 지나지 않는다.

김위찬과 르네 마보안이 언급하였듯이 많은 새로운 시장과 가치의 창출은 기존 기업과 비즈니스에서 발굴되었고 파생되었다. 그것도 참신한 기술에만 의존하는 것이 아닌 비즈니스의 상상력과 창의성에 의해 가능했다. 공교롭게도 많은 지자체와 기업은 이 점을 오해하고 있다. 아래 기술한 어느 강의의 한 구절처럼 말이다.

"1902년 스타츠미넨De Staatsmijnen, 즉 국영광업사State Mines로 시작한 로열 DSM이다. 우리의 두뇌는 이 이름에 생소하지만 몸은 익숙할 수 있다. 우리가 먹는 비타민 원료 태반이 이곳 것인 탓이다. 이 DSM이 언젠가 친환경 접착제를 개발하기로 한다. 꼬박 2년을 쏟아부었지만 해결할 수 없던 문제가 있었다. 호구지책으로 문제를 공개하기로 한다. 상금 1만 유로도 제시한다. 놀랍게도 몇 주 만에 다섯 명이 나름 해결책을 내놓는다. 그런데 해결책을 내놓은 다섯 명 중 세 명이 DSM 직원이었다. 그중 한 명은 특허 담당 사내 변호사였다. DSM은 스스로를 과학 관련 회사라고 표방했지만 정작 자신이 무슨 역량을 갖고 있는지조차 알지 못했다."

2부

인공지능 시대, 해외 유니콘 육성과 우리의 대응

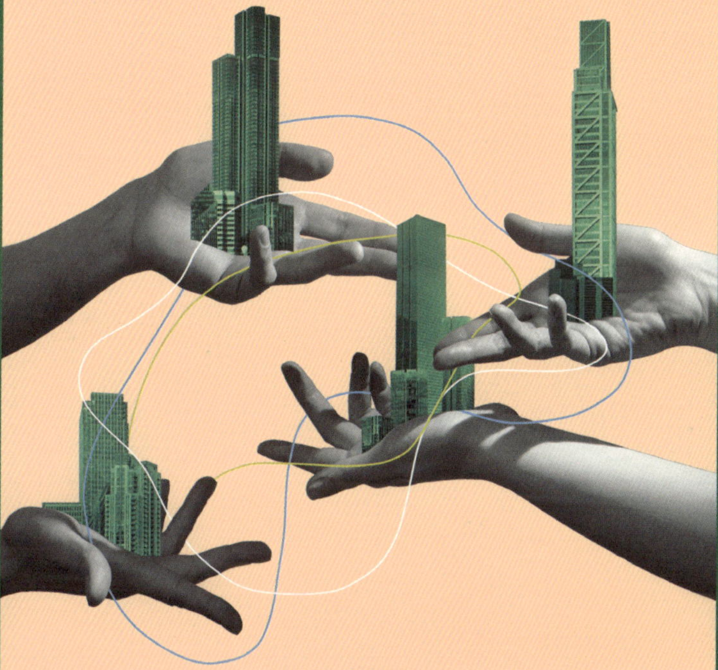

6장

스타트업을 유니콘으로 키우는 해외 정책 사례

◈ 홍찬영 ◈

서울연구원 연구위원

세계는 어떻게 유니콘을 만들어 내는가?

스케일업 지원 정책을 설계하기 위해서는 우선 무엇이 스케일업을 이끌어 낼 수 있는가에 대한 분석이 선행되어야 한다. 경제협력개발기구OECD, 2022의 연구보고서에서는 중소기업의 스케일업을 촉발할 수 있는 주요한 동인driver을 크게 세 가지로 제시하였다. 첫 번째는 혁신innovation으로 연구개발, 디지털전환, 사업화 모델 개발과 같은 요소를 의미한다. 두 번째는 투자investment로서 물적자본뿐 아니라 인적자본이나 무형자산(특허, 저작권 등)에 대한 투자도 포함한다. 마지막 요소는 네트워크 확장network expansion을 꼽았는데, 이는 국내 및 국제 시장에서의 거래, 협업과 파트너십, 디지털플랫폼 활용 등을 포괄하는 개념이다.

스케일업은 이러한 요소 중 어느 하나, 또는 복수 요인의 복합적 상호작용에 의해 촉발될 수 있다. 예를 들어 새로운 상품이나 서비스가 개발되면(혁신) 디지털전환, 연구개발, 인적자본 투자 등을 통해 경쟁 우위를 발생시켜(투자) 시장 확대(네트워크 확장)로 이어질 수 있다. 인적·물적 자본의 투자가 선행된 경우(투자), 경쟁사보다 생산성과 수익성이 높아짐에 따라(혁신) 시장점유율이 높아지기도 한다(네트워크 확장). 역으로 공급망이나 비즈니스 네트워크에서 기대하지 않았던 이유로 제품 수요가 증가하면(네트워크 확장) 생산 시설이나 직원 채용을 늘리게 되고(투자) 새로운 상품과 서비

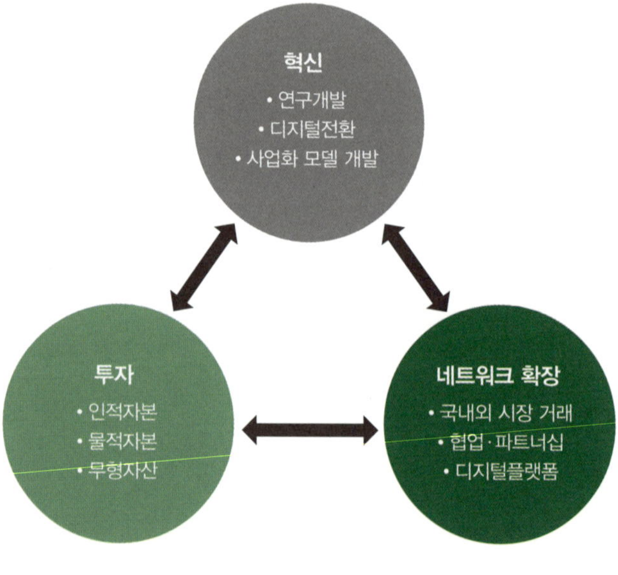

그림 1 **스케일업의 동인과 상호작용**

스 개발로 이어질 수도 있다(혁신). 이와 같이 혁신-투자-네트워크 확장은 서로 연관되어 선순환을 일으킬 수 있으므로, 스케일업을 위해서는 이들 중 하나 이상의 요소를 활성화할 필요가 있다.

그렇다면 스케일업을 위한 정책적 수단으로는 어떠한 것이 있을까. 경제협력개발기구(2022) 보고서는 이를 ① 재정적 지원 ② 비재정적 지원 ③ 플랫폼 ④ 규제 ⑤ 정책 체제 다섯 가지로 구분하였다. 재정적 지원은 대출, 보조금, 세금 감면 등을 통해 기업에 자금을 제공[1]하는 것이다. 비재정적 지원은 컨설팅, 멘토링, 워크숍 등을 통해 사업에 필요한 조언이나 자문 서비스를 제공하는 것이다. 플랫폼은 지식 포털, 협업 허브 등과 같이 온라인상에서 정보를 얻거나 인맥을 쌓을 수 있는 디지털 인프라를 의미한다. 규제는 크라우드펀딩과 같이 금융사가 아닌 개인이나 기업이 신용 활동을 할 수 있도록 하여 자금조달 환경을 개선하는 등 제도적인 융통성을 마련하는 것을 말한다. 마지막으로 정책 체제는 국가 계획이나 발전 전략 등 공공부문의 정책 추진계획을 발표함으로써 자금이 원활하게 융통되도록 하는 방안이다.

다양한 정책 수단 중 가장 직접적인 방안은 재정적 지원이라고 할 수 있다. 재정적 지원은 단순히 자금 운용 여력을 제공하는 것만을 의미하지 않는다. 공공자금을 제공받았다는 것은, 해당 기업이 다양한 자금 조달원을 확보할 수 있는 능력이 있음을 보여 줌으로써 향후의 재원조달 비용을 감소시킨다. 또한 공공자금이 투입된 만큼 투자위험이 공공에 분담됨으로써 민간투자자의 접근을 용이하게 해주는 역할을 하기도 한다. 반면 비재정적 지원이나 플랫폼 제공은 간접적인 방식의 지원책으로 재정적 지원만큼 직접적이고 즉각적인 효과가 나타나지 않을 수 있다. 그러나 재정적 지원과 달리, 비재정적 지원이나 플랫폼은 민간 부문에서 자체적으로 조달하거나 작동되기 어렵다. 대체 곤란한 수단이면서도 많은 재원을 필요로 하지 않는다는 측면에서 공공부문이 선호하는 정책 수단 중 하나이다. 이번 장에서는 이러한 정책 수단별 특성을 염두에 두고 각국의 스케일업 지원 정책을 하나씩 살펴보겠다.

유럽연합의 스케일업 지원 정책

범유럽 스케일업 이니셔티브

유럽연합EU은 2022년 '범유럽 스케일업 이니셔티브Pan-European Scale-Up Initiative'를 발표했다. 유럽투자은행European Investment Bank, EIB과 자회사인 유럽투자기금European Investment Fund, EIF이 주체가 되어 유럽의 기술 스타트업 생태계를 조성하기 위해 계획한 것이다. 해당 계획은 '유럽 기술 챔피언 이니셔티브European Tech

Champions Initiative, ETCI'라는 이름으로 조금 더 구체화되었는데, 핵심적인 내용은 고성장 기술 스타트업을 지원하기 위한 모태펀드를 조성함으로써, 특히 성장단계에 있는 유럽의 혁신 기업들에 자금을 제공하는 것이 목표이다.

이 계획에 참여하는 국가는 스페인, 독일, 프랑스, 이탈리아, 벨기에 등의 유럽연합 회원국으로 초기 약정 금액은 총 37억 5천만 유로[2]이다. 조성된 자금을 이용하여 유럽의 기술 기반 스타트업이 글로벌시장에서 경쟁할 수 있도록 지원할 예정인데, 특히 5천만 유로 이상의 자금이 필요한 기업을 대상으로 지원할 계획이다. 그뿐 아니라 유럽의 기관 투자자들에게 다양한 투자 포트폴리오를 제공하여 지속적인 자금 흐름을 유도하고자 하였다. 이를 통해 유럽 내에서 기술 챔피언을 육성하여 유럽의 경제적, 산업적 주권을 강화하고, 일자리창출과 경제성장을 도모하려는 비전을 제시하였다.

EIC 스케일업 100 이니셔티브

'EIC 스케일업 100 이니셔티브EIC Scale-UP 100 Initiative'는 유럽혁신위원회European Innovation Council, EIC가 2023년부터 주도하는 프로젝트로, 잠재력이 높은 유럽 소재 딥테크 기업 100곳을 발굴·지원하여 유니콘으로 성장시키는 것이 목표이다. 유럽혁신위원회의 기존 재정지원 프로그램, 그리고 그 외 유럽 및 국가 혁신

프로그램에서 우수한 성과를 보인 기업들을 지원 대상으로 한다. 후보 기업 중 지속가능성(기후·에너지), 디지털기술, 헬스케어 등의 분야에서 유럽의 녹색 및 디지털 전환에 기여할 수 있는 기업을 중심으로 선정한다.

선정된 기업들은 최소 400개의 생태계 플레이어로 구성된 유럽 혁신위원회 스케일링 클럽 네트워크에 참여한다. 여기에는 100개의 투자자, 100개의 혁신 부서를 보유한 기업, 100개의 홍보 기관과 클러스터, 100명의 독립적인 멘토 등이 포함되며 이들은 선정 기업의 전략적 파트너십, 투자 기회, 국제시장 확장 촉진을 돕는다. 구체적으로는 기업의 전략 개발, 전략적 투자자와 파트너 접근, 국제시장 확장 지원 등 종합적인 지원을 제공하며, 유럽투자은행과 유럽혁신기술연구소European Institute of Innovation & Technology, EIT와 같은 주요 유럽연합 기관과의 네트워킹을 통한 혜택을 제공한다. 이를 통해 유럽의 기술 챔피언 기업들을 글로벌 리더급으로 성장시키고자 한다.

유럽 스케일업 인스티튜트(European scaleup Institute, ESI)

유럽 스케일업 인스티튜트는 유럽 내 주요 비즈니스스쿨 6곳[3]이 협력하여 2023년 설립한 플랫폼이다. 유럽 전역의 학술 전문가와 실무자들이 모여 고성장기업, 정부 기관 및 정책 입안자들과 함께 국제시장에서 경쟁력을 갖춘 스타트업의 성장을 지원한다.

지역별 스케일업 격차를 해결하고, 스타트업이 지속 가능한 성장을 이룰 수 있도록 경영대학원들이 협력하여 연구, 교육, 실무적 경험을 결합한 종합적 지원을 제공하고 있으며, 구체적인 활동 내용은 다음과 같다.

표 1 **유럽 스케일업 인스티튜트의 주요 활동**

지원 프로그램	주요 내용
지식 공유와 네트워크 구축	스케일업 콘퍼런스를 개최하여 연구 및 교육 분야의 최신 지식과 모범 사례를 공유하며, 다양한 분야의 전문가들이 참여하여 스케일업 생태계를 발전시키기 위한 논의의 장 형성
기업 지원 프로그램	기업의 성장 준비 상태를 평가하고 창업 시에 필요한 체크리스트와 다양한 조언을 담은 자료를 제공하여 창업자가 성장 과정에서 겪는 어려움을 극복할 수 있도록 지원
연구와 교육	수준 높은 연구와 교육을 통해 지역, 국가 및 국제적 차원의 생태계를 개발하여 학생, 기업가, 전문가들이 지속 가능한 고성장을 이루고 사회적 영향을 미칠 수 있도록 지원
정책 지원	유럽의 정책 입안자들과 협력하여 스케일업 기업이 직면한 문제를 해결하고, 성장을 촉진하기 위한 정책을 개발함으로써 유럽의 스케일업 생태계를 강화하는 데 기여

미국의 스케일업 지원 정책

미국 내 유니콘기업은 약 716개로 세계 1위이며, 2위인 중국의 유니콘기업 수 260개와 큰 차이가 있다. 미국에는 약 9만 개의 스타트업과 2,200개 이상의 벤처캐피털이 활동하고 있으며, 벤처캐피털의 직접 투자를 받은 초기 투자 단계 이상의 스타트업은 약 4만 4,000개에 달한다. 주별로는 캘리포니아(2만 개), 뉴욕(8천 개), 매사추세츠(5천 개), 텍사스(5천 개) 순으로 분포한다. 2022년 미국 벤처캐피털의 투자액은 캘리포니아가 1,040억 달러로 가장 큰 규모이며, 그다음은 뉴욕(292억 달러), 매사추세츠(213억 달러), 일리노이(105억 달러), 텍사스(102억 달러) 순이다.

미국은 2014년 '스케일업 아메리카 이니셔티브scaleup America Initiative'라는 연방 차원의 지원 정책을 발표했다. 오바마 대통령 행정부에서 연방 중소기업청 주도로 발표한 중소기업 성장 지원 계획으로, 잠재력이 높은 중소기업의 성장을 통해 일자리창출과 경제적 파급효과를 극대화하는 것을 목표로 하였다. 구체적으로는 연 매출 15만~50만 달러 규모의 중소기업을 대상으로 ① 기업가 대상 교육 커리큘럼, ② 시장분석과 마케팅 멘토링, ③ 투자자본 접근성 확대, ④ 생산자와 공공기관과의 네트워크 강화 사업 수행과 같은 정책을 제시하였다.

그러나 해당 사업 종료 이후에는 유사한 스케일업 관련 상위 계획이 발표되지 않았는데, 이미 민간을 중심으로 창업과 스케일업이 활발하고 전통적으로 시장개입을 꺼리는 미국의 문화적 특성 때문으로 생각된다. 그러나 주정부 차원의 스케일업 지원 프로그램은 산발적으로 이루어지고 있다. 미국 공공부문의 지원 정책은 대부분 세제 혜택에 중점을 두고 있으며, 대다수의 스타트업 프로그램이 금전적 지원보다 인큐베이터나 액셀러레이터 등을 통한 멘토링, 조언 위주로 이루어지는 경향이 있다.

뉴욕 주정부 지원 프로그램

뉴욕 주정부가 시행하는 '스타트업 NY 프로그램'은 학술 파트너십과 면세 혜택을 통해서 프로그램에 참여하는 스타트업을 10년간 지원하는 프로그램이다. 해당 프로그램에 참여한 기업은 뉴욕 근교 대학들과 동반 관계를 체결하고 연구개발 프로젝트를 공동으로 추진해야 하며, 10년간 지방세, 법인세, 부동산세, 판매세, 직원의 개인소득세 등 다양한 면세 혜택을 받을 수 있다.

뉴욕시가 운영하는 '디지털 NYC 프로그램'은 뉴욕시 주도로 제공하는 스타트업 온라인 허브로, 뉴욕시 5개 자치구에 위치하는 모든 회사, 스타트업, 투자자, 이벤트 등의 정보를 수집하여 스타트업의 성장을 촉진하는 서비스를 제공한다. 해당 프로그램의 데이터베이스에는 5만 2,489개 스타트업, 323개 투자회사 등이 등

록되어 있으며, 다양한 채용 공고, 스타트업 이벤트, 정부와 기관의 지원 정보 등을 제공한다.

뉴욕경제개발공사NYCEDC는 다양한 영역의 기술 발전과 스타트업의 성장을 지원하기 위한 프로그램을 운영한다. 뉴욕시 환경보존과 기술 발전을 주요 목표로 하는 '그린 NYC 2025' 프로젝트를 추진하고 있으며, '클린테크놀로지 사업가 센터Clean Technology Entrepreneur Center'를 설립하여 클린테크 스타트업의 기술개발과 사업 육성을 지원하기도 한다.

LA 시정부 지원 프로그램

LA시에서는 기업 역량에 따라 맞춤형 대출 및 조건부 저금리 자금 대출을 위한 스마트 펀딩 프로그램을 운영한다. 예를 들어 시정부는 비영리 비즈니스 인큐베이터 '그리드110' 등과 파트너십을 맺고 지역 내 스타트업 육성을 지원한다. LA 소재 스타트업을 지원하는 정부 기관인 'LA 클린테크 인큐베이터LACI'는 친환경 분야의 비즈니스 인큐베이터로, 40여 개 스타트업에 기업 단계별 멘토링 서비스를 제공한다.

한편 정부와 민간 전문가가 협업하여 스타트업 기반 시설과 프로그램, 멘토링 등을 지원하기도 한다. 비영리기관인 '빅셀 익스체인지Bixel Exchange'를 통해 LA 지역 전문가들이 자본금, 상품, 마케팅, 고용 분야와 관련한 일대일 멘토링을 제공하며, '에토스 소사

이어티Ethos Society'는 창업가를 위한 대규모 공용 사무 공간과 내부 편의시설을 무료로 제공한다. 또한 실리콘비치에 위치한 인큐베이터 USC 비터비 스타터업 개라지Viterbi Startup Garage는 12주 동안 기술 분야 프로그램을 진행하는데, 주로 인터넷·소프트웨어·하드웨어 관련 스타트업이 참여하여 업무 공간과 소규모의 투자를 제공받을 수 있다.

영국의 스케일업 지원 정책

영국의 유니콘 스타트업 수는 2022년 기준 49개로, 미국, 중국, 인도에 이어 4위이자 유럽에서는 가장 많은 유니콘기업을 보유하고 있다. 예전부터 영국의 강점인 금융산업을 기반으로 한 핀테크 기업이 다수를 차지하며 바이오, 인공지능 등 첨단산업에서도 유니콘기업이 출현하고 있다. 영국 정부 과학혁신기술부DSIT는 2024년 1월 기업의 스케일업을 지원하기 위한 패키지 정책 계획scaleup Initiative을 발표했다. 과학기술 분야의 유망 스케일업 20개를 선정하여 집중 지원하는 계획과 함께 규제 개선 지원, 공공부문 데이터 제공, 스케일업 정책 관련 포럼 개최 등의 세부 계획이 담겨 있다.

창업 기업과 스케일업 기업에 대한 지원 사업은 '테크네이션Tech Nation'에서 수행한다. 테크네이션은 영국의 디지털 기술 부문의 성장을 지원하기 위해 영국 정부가 2011년에 설립한 비영리 민간기관이다. 초창기에는 영국 각 지역의 혁신 클러스터 조성 사업인 '테크 시티Tech City' 프로그램을 지원하는 역할을 하였으나, 이후 기술 기반 스타트업과 이들의 스케일업을 지원하기 위한 투자 유치, 네트워킹, 해외 인재 확보 등의 지원 사업을 다수 수행하였다. 다만 2023년 운영자금의 75퍼센트에 해당하는 정부 보조금(약 1,200만 달러)이 중단됨에 따라, 기업가 커뮤니티인 '파운더스 포럼 그룹Founders Forum Group'이 인수하여 사업을 지속하고 있다.

퓨처 50(Future Fifty) 프로그램

대표적 사업인 '퓨처 50Future Fifty'는 성장단계상 후기 창업 단계에 있는 기업을 대상으로 네트워킹을 지원하는 사업이다. 디지털 기술을 기반으로 하는 제품이나 서비스를 제공하는 비즈니스를 영위하면서 본사가 영국에 있는 기업을 지원 대상으로 한다. 지원 자격은 연간 매출액이 5백만 파운드 또는 전년 대비 50퍼센트 이상 증가한 기업이면서, '시리즈 B' 단계의 펀딩을 유치한 기업에 부여된다. 선정된 기업에 직접적인 재정지원은 없다. 대신 기업인과 정부 당국자와 연계할 수 있는 맞춤형 이벤트, 만찬회, 워크숍 등을 제공한다. 기업 입장에서는 퓨처 50에 선정되면, '정부에서

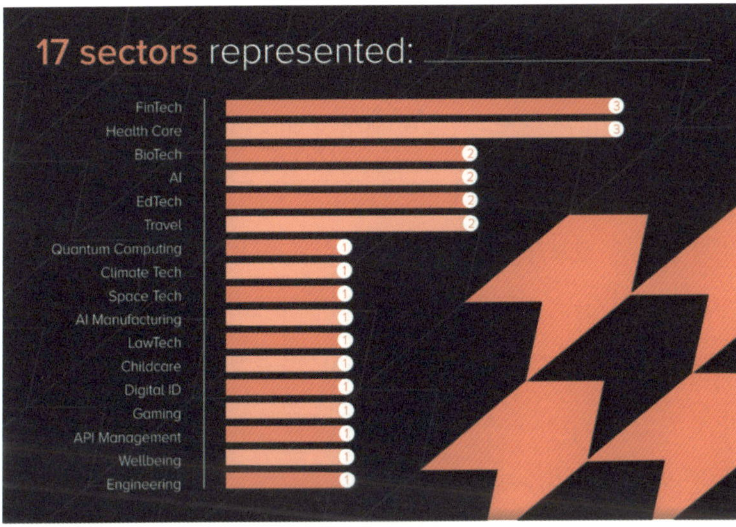

그림 2 **2024년 퓨처 50 선정 기업들의 업종 분포**

자료: Tech Nation, 2024. 5. 19., "Meet the Future Fifty cohort 2024", https://technation.io/meet-the-future-fifty-cohort-of-2024.

인정하는 유망한 기업'이라는 인증 효과를 기대할 수 있다.

사업 초반에는 매년 50개 내외 기업을 선정하였으나, 2021년부터는 20개 내외로 선정하고 있다. 2024년 3월에 새로 선정된 퓨처 50 기업은 핀테크, 헬스케어, 바이오, 인공지능 등 17개 업종의 25개 기업으로 구성되었다. 구체적으로는 핀테크(3개사)와 헬스케어(3개사) 분야가 가장 많았고, 바이오테크, 인공지능, 에드테크, 여행 분야가 각각 2개사였다. 이 외에도 양자컴퓨팅, 우주기술, 기후기술 등 신흥 기술 분야에서도 1개씩의 기업이 선정되었다.

데이터 허브

영국은 2014년 스케일업 육성 전담 기관인 '스케일업 인스티튜트'를 설립하였다. 해당 기관은 영국의 비즈니스 환경을 개선하기 위한 비영리 민간기업으로 스케일업 기업과 지역별·주체별 지원 정책에 대한 정보를 통합 제공하는 정보 허브의 역할을 수행하고 있다. 한때 '스케일업 인스티튜트'는 경영 코칭과 멘토링 교육, 투자자와의 네트워킹을 통한 투자 유치, 항공업계에 대한 스케일업 자금 지원 등의 세부 사업을 수행하였다. 그러나 2024년 현재에는 중앙정부와 지자체, 민간기업에서 진행하는 기업 지원 프로그램에 대한 정보, 지역과 기업 정보 등을 통합 제공하는 데이터 허브의 기능에 주력하고 있다. 또한 스케일업 정책과 사례를 조사하여 정리한 모니터링 보고서 발간, 주제별 스케일업 지수index를 발표하는 정책연구 역할도 병행하고 있다.

프랑스의 스케일업 지원 정책

프랑스는 경제재정부가 주도하는 창업 생태계 지원 프로그램인 '프렌치 테크La French Tech'로 유명하다. 2013년부터 시행된 프렌치 테크는 정부 차원의 스타트업 지원 프로그램을 포괄하여 지칭

하는 일종의 정책 브랜드라 할 수 있다. 프렌치 테크는 16개의 국내 지역 단위에서 정부 프로그램을 수행하도록 장려하며(예: 프렌치 테크 보르도), 해외 52개 국가에서 자발적으로 참여한 프랑스 기업인 네트워크(예: 프렌치 테크 아테네)도 포함된다. 프랑스 정부는 프렌치 테크 프로그램에 60개 이상의 공공기관이 참여하여 245개의 스타트업이 지원을 받았다고 발표한 바 있다.

프렌치 테크 프로그램은 정책 목적과 수단에 따라 다양한 하위 세부 사업으로 구성되며, 시기에 따라 세부 사업들은 조금씩 변경되었다. 2024년 현재 스타트업을 지원하기 위한 세부 사업은 그 목적에 따라 선별 지원 목적의 '프렌치 테크 넥스트 40/120', 사회적 과제 대응 목적의 '프렌치 테크 2030', 다양성 제고 목적의 '프렌치 테크 트램펄린', 평등한 자금조달 목적의 '프렌치 테크 라이즈' 등으로 구성되어 있다.

'넥스트 40/120'은 매년 세계 수준으로 성장할 잠재적 유망 기업을 선정하여 맞춤형으로 지원하는 사업이다. 매출액 성장과 투자 유치액을 기준으로 유망 스타트업 120개를 선정하고, 그중에서도 매출액과 기업평가 등의 심사기준을 통해 40개 기업을 '넥스트 40'으로 지정한다. '매출액' 기준은 직전 연도 회계연도 기준으로 매출액이 1억 유로 이상이면서 3개년 이상 15퍼센트 이상의 성장률을 보인 기업, 그리고 '투자 유치액' 기준은 최근 3개년 동안 누적 유치액이 높은 기업 순으로 선정한다.

이미 유니콘으로 분류된 기업도 넥스트 40/120의 선정 대상이 될 수 있으며, 여러 해에 걸쳐 중복 선정도 가능한 구조이다. 예를 들어 2013년 창업한 닥터립Doctolib는 온라인 병원 예약 플랫폼을 제공하는 헬스케어 기업으로 2019년 유니콘기업으로 분류되었으며, 2020년부터 2023년까지 4년 연속 넥스트 40에 선정되었다. 또한 2013년 창업하여 2020년 넥스트 120에 선정된 핀테크 기업인 리디아Lydia는 2021년 중국 기업 텐센트Tencent로부터 투자를 유치하여 유니콘으로 분류되었으며, 그해부터 2023년까지 넥스트 40에 선정되었다.

넥스트 40/120에 선정된 기업은 크게 네 가지 영역의 맞춤형 지원을 받게 된다. 그러나 선정되었다는 자체만으로도 프랑스 정부의 인증을 받은 효과가 있어 해외 투자자로부터 추가 자금을 유치하는 데 수월해지는 장점이 있다.

2023년의 넥스트 40/120 선정 기업은 핀테크, 헬스케어, 소매, 데이터, 그린테크 분야에서 주로 나왔다. 넥스트 120 선정 기업은 핀테크 분야 19개사(투자액 합계 39억 유로), 헬스케어 분야 16개사(21억 유로), 소매 분야 13개사(30억 유로), 데이터 분야 11개사(26억 유로), 그린테크 분야 9개사(38억 유로) 순이었다. 넥스트 40 선정 기업은 핀테크 분야 11개사, 소매 분야 5개사, 그린테크 분야 4개사, 모빌리티 분야 4개사, 헬스케어 분야 3개사 순으로 나타났다.

표 2 넥스트 40/120의 지원 내용

지원 프로그램	주요 내용
전담 관리자 지정	기업별로 전담 관리자를 지정하여 기업이 필요로 하는 문제를 파악하고 해결 방안을 제안
네트워크 형성	중앙정부의 이벤트 참여, 미디어 홍보를 통해 국내외를 대상으로 기업 인지도를 높임
규제·표준 지원	규제나 표준 문제에 대한 법률 자문을 제공하고 유관 기관에 협조를 요청
기업홍보	투자 유치, 채용, 기후변화, 평등 문제 등 프랑스 정부가 주최하는 다양한 영역의 이벤트에 참가

독일의 스케일업 지원 정책

독일은 유럽에서 영국에 이어 두 번째로 많은 유니콘기업을 보유한 나라로 유럽 유니콘의 25퍼센트가 독일에서 탄생했다. 특히 창업자의 43퍼센트가 외국인일 정도로 외국인의 창업 비율이 높은 특징이 있다. 베를린은 영어 사용 등의 측면에서 외국인 친화적인 문화를 갖추어 유럽에서 가장 창업 환경이 좋은 도시 중 하나로 평가받고 있다. 독일에서는 공공부문뿐 아니라 대기업들도 스타트업을 지원하는 액셀러레이터를 적극 활용하는 등 액셀러레이터의 역할이 활성화되어 있고, 지자체가 독자적으로 추진하는 창업 지원 정책도 활발하다.

연방정부: 해외 진출 장려

독일 연방정부의 지원 정책은 기업의 해외 진출을 장려하는 데 목표를 둔다. 독일 연방정부는 '저먼 액셀러레이터German Accelerator' 프로그램을 통해 독일 기업의 세계시장 진출을 유도하고 있다. 저먼 액셀러레이터는 2012년부터 시작한 기업 지원 프로그램으로, 연방정부 경제·기후행동부BMWK의 재정지원하에 민간 액셀러레이터 기업인 'Star2 그룹'이 운영을 맡았다. 주된 지원 영역은 맞춤형 멘토링, 기업 간 네트워킹 등이며, 분야별(인공지능, 바이오, 기후), 시장별(중국, 아시아), 설루션별(창업 초기, 시장개척, 시장접근) 프로그램으로 나누어 교육과 컨설팅을 제공한다.

노르트라인-베스트팔렌주(Land Nordrhein-Westfalen, NRW): 맞춤형 컨설팅

노르트라인-베스트팔렌주는 주정부 차원에서 자체적인 스케일업 지원 프로그램인 '스케일업.NRW'를 추진하고 있다. 독일 서부에 위치한 노르트라인-베스트팔렌주는 연방주 중 인구밀도가 가장 높은 곳으로, 독일 최대의 공업지대인 루르 공업지대가 소재한다. 주정부가 지원하는 '스케일업.NRW' 프로그램은 18개월간 맞춤형 컨설팅을 제공하는 것이 주된 내용이다.

지원 대상은 노르트라인-베스트팔렌주에 위치한 스타트업 중 1단계 투자(시리즈 A)를 받아 유망성이 인정된 기업으로, 매년 3월에 신청을 받아 선정한다. 지원 프로그램 1단계에서는 심층 워크숍을 통해 기업별 스케일업 방안을 모색하고, 2단계에서는 담당 멘토가 인적 네트워크를 동원하여 스케일업 수단을 구체화하며, 3단계에서는 성공 스토리를 발표하고 공유하는 과정으로 구성된다. 이러한 지원 프로그램을 통해 지역 내 유망 스타트업 기업을 국제시장에 진출시키고, 다음 단계 투자로 이어지도록 하는 것을 주된 목적으로 표방하고 있다.

함부르크시: 해외 스케일업 유치

함부르크시는 특정 산업 분야 기업의 지역 내 유치를 지원하는 '스케일업 랜딩패드 함부르크scaleup Landing Pad Hamburg' 프로그램을 추진하고 있다. 시 산하 경제진흥기관인 함부르크투자청Hamburg Invest이 운영하는 프로그램으로 지역 내 기업이 아니라 지역 외 기업을 함부르크에 정착시키는 것을 목표로 한다는 점이 특징이다. 함부르크는 독일 북부에 있는 독일 제2의 도시이자 연방주로 항구도시의 특성상 교역 규모가 크고 소득수준도 높은 지역 특성이 반영된 정책이라 할 수 있다.

해당 프로그램에서는 매년 유망한 해외 기업을 10개 선정하여 기업이 함부르크에 정착하는 데 필요한 각종 지원 혜택을 부여한다. 지원 대상은 독일이나 함부르크에 사무실이 없는 업력 3~10년 사이의 기업으로, 지난 2년간 성장성이 높고 함부르크 지역 생태계에 적극적으로 참여할 의지가 있는 기업이다. 특히 그린테크와 관련 있는 모빌리티, 물류, 에너지, 건설 분야의 사업을 영위하는 기업이어야 한다는 조건이 있다. 선정된 기업에는 ① 투자자 및 파트너와의 네트워크 형성 지원, ② 사업장 부지 컨설팅, ③ 근무 및 거주 공간 임대 지원(최대 8주), ④ 채용·비자·보험·행정 등 사업 지원서비스 제공 등의 혜택을 부여하고 있다.

표 3 **2023년 스케일업 랜딩패드 함부르크 프로그램 선정 기업**

기업명	출신 국가	사업 분야
Powerup	에스토니아	에너지
Rexplorer	에스토니아	에너지
H3 Dynamics	프랑스	비행 모빌리티
Flower	스웨덴	에너지
Fast Sense	이스라엘	에너지

기업명	출신 국가	사업 분야
ElonRoad	스웨덴	모빌리티
Fybra	이탈리아	환경
Terrapin Geothermics	캐나다	에너지
Curium	싱가포르	모빌리티
1M Robotics	이스라엘	물류

자료: https://landingpad.future.hamburg/scaleups(Scaleup Landing Pad Hamburg).

프랑크푸르트시: 컨설팅과 네트워킹

독일과 유럽의 금융 중심지인 프랑크푸르트시는 시 산하 경제개발청Frankfurt Economic Development Agency과 민간 액셀러레이터 기업인 테크쿼티어TechQuartier가 공동 운영하는 스케일업 지원 프로그램인 '스케일업 프랑크푸르트'를 추진하고 있다. 2023년 11월에 발표한 이 프로그램은 해외 네트워킹 지원을 주된 내용으로 하며 프랑크푸르트 소재 스타트업 기업에 해외시장 진출과 투자 유치에 관한 멘토링을 제공할 계획이다.

일본의 스케일업 지원 정책

일본은 2022년 말 '스타트업 육성 5개년 계획'을 발표하며 스타트업을 대대적으로 육성할 계획을 천명하였다. 해당 계획에서는 2022년을 스타트업 창출 원년으로 하여, 2027년까지 10조엔 규모의 투자를 통해 스타트업 10만 개, 유니콘 100개를 달성하는 것을 목표로 설정하였다. 발표된 계획에 따르면 ① 인재 및 네트워크 구축, ② 자금 공급 강화와 출구전략 다양화, ③ 개방형 혁신 전략 추진이라는 3개의 정책 방향을 세우고 각각의 세부 계획을 수립하였다. 그중에서 가장 대표적인 사업이 J-스타트업 프로그램이다.

2018년 시작된 'J-스타트업'은 일본 중앙부처인 경제산업성의 정책으로 매년 유망 기업을 선정하여 지원하는 사업이다. 공공기관인 일본무역진흥기구JETRO와 신에너지·산업기술종합개발기구NEDO가 프로그램을 운영하며, 민간 액셀러레이터와 벤처캐피털도 참여하는 민관협력 종합 지원 사업의 성격을 띠고 있다. 해당 사업은 혁신적인 기술과 비즈니스 모델을 기반으로 글로벌시장에서 활약하는 스타트업을 창출하는 것을 목표로 설정하였다. 2018년 사업 시작 당시, 2023년까지 유니콘기업 20개를 창출하겠다는 구체적 목표를 제시하였다.

그림 3 **일본 J-스타트업 프로그램 개요**

자료: https://www.j-startup.go.jp/about/(J-스타트업 홈페이지).

해당 사업에서는 딥테크, 플랫폼, 지속가능한발전이라는 세 가지 분야에서 기업을 선정한다. 민간 전문가들이 중요 임무, 독창성, 성장잠재력을 기준으로 후보 기업을 추천하면, 외부 심사위원으로 구성된 선정위원회가 최종 선정하는 구조여서 철저하게 민간기업의 시각에서 기업을 선정한다. 2024년 기준 총 243개 기업(누적)이 J-스타트업 기업으로 등록하였다.

지원 주체는 '서포터'라 불리는 민간 지원기관이 중심이 된다.

대기업, 연구소, 액셀러레이터, 벤처캐피털 등으로 구성된 서포터 기관은 2024년 현재 208개로 구성되어 있다. 서포터 기관이 J-스타트업 사무국(정부·공공)과 함께 선정된 스타트업을 민간과 정부 부문에서 지원하는 체계이다. J-스타트업 프로그램에 선정된 기업은 홍보 효과, 네트워킹 구축뿐 아니라, 규제와 사업 지원서비스 등에서도 다양한 혜택을 받는다

표 4 **J-스타트업 선정 기업에 대한 지원**

부문	지원책
공공 부문 지원	J-스타트업 로고 사용(선정 기업으로 브랜딩) 특설 홈페이지, 국내외 언론 홍보 장관급과 정부 해외 공관 참여 대규모 해외 및 국내 행사 출전 지원 각종 보조금 및 기타 지원책에 대한 우대와 절차 간소화 비즈니스 연계(대기업, 부처 등의 임원과의 개별 연결) 구제 유예 제도의 적극적인 활용 규제 요청에 대한 대응
민간 부문 지원	사업 공간과 우대 요금 제공(사무실, 빈 공장 공간, 교육시설, 쇼룸 등) 로봇, 제품과 부품을 이용한 실증 실험, 인프라 네트워크 등에 대한 협력 검증 환경과 분석 장비 제공 액셀러레이터 프로그램과 제조 지원 프로그램에 대한 우대 전문가의 조언과 노하우 제공 회사의 고객과 관련 회사 소개 등

자료: https://www.j-startup.go.jp/about/(J-스타트업 홈페이지).

지역 사회의 유망 스타트업을 지원하기 위해 지자체와 연계한 'J-스타트업 로컬' 사업도 별도로 운영되고 있다. 해당 사업은 지역 소재 기업 중 유망 스타트업을 발굴하여 지원하는 작은 버전의 J-스타트업 프로그램이라고 할 수 있다. 현재 홋카이도, 도호쿠, 간사이, 니가타, 규슈, 센트럴(중부 지역), 웨스트(서부 지역) 7개 지역에서 J-스타트업 브랜드를 부여하는 기업을 선정하여 지원한다.

또한 2023년 말에는 성장잠재력이 크고 본보기가 될 것으로 기대되는 30개 기업을 별도로 선정하는 'J-스타트업 임팩트' 사업도 시작하였다. 기존에 J-스타트업으로 선정된 기업이나 일반 기업으로부터 공모를 받아 임팩트 스타트업으로서의 의지, 사회적 영향력 제고 방안, 롤 모델로서의 적합성을 기준으로 선정한다.

맞춤형 네트워킹 정책이 유니콘을 키운다

앞서 살펴본 각 국가의 정책 사례에서 나타난 유니콘기업 육성 정책은 선별된 유망 기업에 네트워킹을 지원하는 정책이 가장 일반적이었다. 스케일업의 주요 동인인 혁신, 투자, 네트워킹 중 혁신은 기업 스스로 해결해야 하는 성격이 강하다. 그리고 투자는 유니콘기업에 가까울수록 요구되는 투자 규모가 커지기 때문에 주로 민간투자 시스템을 통해 이루어지고 공공부문에서 조달하기에는 한계가 있다. 따라서 결국 공공부문에서 지원할 수 있는 동인은 일부 기금 조성(유럽연합 사례)을 제외하면 대체로 네트워킹 분야로 한정되는 경향이 있는 것으로 보인다.

또한 스케일업을 위한 네트워킹을 지원할 때 신기술·신산업 분야로 한정하여 맞춤형으로 제공한다는 특징이 있었다. 영국, 프랑스, 일본의 사례에서 보듯 성장성과 유망성을 기준으로 지원 대상 기업을 선정하고 공표함으로써 기업의 투자가치를 국가가 보증하고, 이를 통해 민간, 특히 해외자본의 후속 투자를 유도하는 효과를 기대하는 것이다. 또한 네트워킹 지원의 종류는 홍보 이벤트, 비즈니스 매칭, 멘토링 등을 제공하는 것이며, 지원 대상 기업의 특성에 맞게 맞춤형으로 제공하여 효과를 극대화하려는 모습을 관찰할 수 있다.

7장

현장에서 본 유니콘 육성 정책의 방향

◈ 김현우 ◈

서울경제진흥원 대표

유니콘의 의의

유니콘의 정의와 글로벌 유니콘 현황

2013년 미국 벤처캐피털리스트인 에일린 리는 한 칼럼에서 '유니콘'이라는 용어를 처음 사용하였다. 2000년대 초반 닷컴버블이 붕괴되면서 많은 기업이 도산하였고, 다시 웹 2.0 기반 사용자 생성 콘텐츠와 모바일, 앱 기반의 새로운 벤처 기회가 도래하였다. 그러나 생존율이 매우 낮은 실리콘밸리의 스타트업 생태계에서 천문학적인 기업가치를 보유한 기업을 키워 내는 것은 거의 불가능에 가깝기에 전설 속의 동물인 유니콘에 비유한 것이다.

유니콘은 다음과 같이 정의한다. 기업가치 10억 달러 이상이고 창업한 지 10년 이하인 비상장 스타트업이다. 세 가지 조건을 모두 충족하여야 하는데 예를 들면 2021년 3월 11일 미국 뉴욕증권거래소NYSE에 상장한 쿠팡은 이미 상장한 기업이기에 더 이상 유니콘이 아닌 것이다.

이제 유니콘은 더 이상 희귀하지 않다. 2022년부터는 전 세계 유니콘기업 수가 1,000개가 넘었고, 한 해에만 200개가 넘는 유니콘이 탄생한다. 그러면서 유니콘에서 파생된 용어도 하나둘 나타나기 시작했다. 곧 유니콘기업이 된다는 의미로 차세대 유니콘 기업을 수니콘Soonicorn이라 부르고 유니콘 그룹에서 졸업한 기업은 엑시콘Exitcorn으로, 유니콘으로 분류되었다가 사라진 기업은 유니콥스Unicorpse로 부른다.

유니콘의 성장이 두드러지면서 기업가치 측면에서 발전단계를 암시하는 용어 또한 만들어졌다. 기업가치가 100만 달러 이상인 비상장 기업은 미니콘Minicorn, 유니콘을 넘어 유니콘의 기업가치를 열 배 넘어선 100억 달러 이상의 기업은 데카콘, 100배인 1,000억 달러 이상의 기업은 헥토콘으로 부른다.

글로벌 리서치 전문기관인 CB인사이트CB Insights에 따르면, 2019년부터 2023년까지 최근 5년간 전 세계 유니콘기업 수가 449개에서 1,209개로 760개 늘며 169.3퍼센트 증가했다. 특히 2019년에도 유니콘기업이 218개로 가장 많았던 미국은 2023년 655개로 늘며 200퍼센트 넘게 증가하였고, 전 세계 유니콘 수의 절반 이상을 보유하며 압도적인 세계 1위 유니콘 보유국의 지위를 유지하고 있다. 중국은 2021년 이후 증가 추세가 약간 주춤하지만 169개 유니콘을 보유한 확고한 세계 2위 국가이다.

주요 국가별 유니콘 수는 대부분 증가하고 있으나, 한국의 유니콘 증가 추세는 더딘 편이다. 한국의 유니콘 수는 2019년 10개에서 2023년 14개로 4개 증가했으나, 증가 추이는 빠르지 않을뿐더러 오히려 정체되어 있다. 2019년에는 미국, 중국, 인도, 영국, 독일 다음으로 전 세계 6위의 유니콘 보유국이었으나 2023년에는 프랑스, 이스라엘, 캐나다, 브라질에도 뒤처져 간신히 10위 안에 들었다. 세계 1위 미국과의 격차는 더 벌어져 미국의 유니콘 수는 650개가 넘었지만, 아직 한국은 14개에 그친다.

전 세계 유니콘 기업가치의 총합은 2019년 1조 3,546억 달러에서 2023년 3조 8,451억 달러로 2조 4,905억 달러(183.9퍼센트) 증가하였다. 또한 평균 기업가치 측면에서 전 세계 유니콘의 평균 기업가치는 2019년 30억 달러 대비 2023년 31억 8천만 달러로 소폭 증가했다. 2023년 미국 유니콘의 평균 기업가치는 31억 3천만 달러인데, 우리나라 유니콘의 평균 기업가치는 23억 2천만 달러 수준으로 전 세계 평균과 미국 대비 낮은 수준인 것을 확인할 수 있다. 이는 우리나라의 유니콘 수가 양적으로도 정체 상황이며, 질적인 측면에서도 유니콘을 넘어 데카콘 이상으로 성장할 수 있는 몸집이 큰 유니콘 수가 적다는 것을 의미한다.

유니콘이 갖는 의미

한국의 대기업은 1960년대 산업화 시대부터 현재에 이르기까지 우리나라의 경제발전사에 있어 다양하고 중요한 역할을 해왔다. 한국의 대기업은 산업화 초기부터 철저한 정부의 지원과 비호 아래 중화학공업, 전자, 자동차 등 다양한 산업에서 급속히 성장했다. 대기업 주도의 경제성장을 통해 고용을 창출하고 많은 일자리가 생겨났으며, 가계소득이 증가하고 소비가 살아났다. 기업은 미래성장동력에 대한 기술혁신과 연구개발을 위한 투자를 아끼지 않았고, 수출을 통해 시장을 확장해 갔다.

스케일업은 단기간에 매출 등 재무 지표와 고용 지표가 급성장한 기업을 의미하며 OECD는 스케일업을 '10인 이상 기업 중 최근 3년간 연평균 매출 혹은 고용이 20퍼센트 이상 증가한 기업'으로 정의한다. 과거 우리나라 대기업이 산업화 시대에 급성장하면서 매출과 고용 측면에서 우리나라의 경제성장을 주도하며 스케일업 기업으로서 역할을 수행했다고 볼 수 있다.

이후 2010년대 실리콘밸리의 벤처 생태계와 붐이 우리나라에 전해지며, 한국 경제에서 창업·벤처기업의 중요성이 부각되고 스타트업 생태계가 빠른 속도로 성장하였다. 우리나라의 벤처투자 규모는 2008년 1조 2천억 원이었으며, 이후 연평균 16퍼센트 증가하며 2022년 역대 최대인 12조 5천억 원에 이르렀다. 또한 최근 10년 한국 스타트업 생태계에서 눈에 띄는 현상은 유니콘의 등장과 후발 유니콘 주자의 성장이라 할 수 있다. 이는 유니콘이 혁신 경제의 리더로서 성장을 견인하고 전 산업 분야에 걸쳐 막대한 영향을 끼치기 때문이다. 이에 정부도 세계 수준에서 우위를 확보할 수 있는 유니콘을 만들기 위해 다양한 육성 정책을 제시하고 있다. 성장단계별로 '아기 유니콘'과 '예비 유니콘'에 대한 전략적인 지원이 그 예이다.

그렇다면 왜 유니콘인가?

첫째, 스타트업 전성시대에서 스케일업 중심 시대로 전환되고 있기 때문이다. 우리나라의 벤처투자 시장은 역대급 성장률을 기록하며 빠르게 성장했다. 하지만 코로나19 사태를 겪으며 지칠 줄 몰랐던 스타트업의 성장세는 한풀 가라앉았다. 2023년에는 벤처투자의 혹한기가 찾아와 '옥석 가르기'를 통해 진짜 스타트업을 선별하는 작업이 한창 진행 중이다. 이런 혹한기를 이겨 낸 혁신 스타트업은 스케일업으로 성장할 수 있다. 또한 스케일업으로 성장하여 실질적인 성장과 고용효과를 창출할 수 있다. 구즈만 Guzman(2016)은 스타트업 활성화만으로는 일자리 창출, 고용 증대, 경제성장을 직접 견인할 수 없으며, 실질적 고용과 성장은 스케일업을 통해 일어난다고 말한다.

둘째, 유니콘은 스케일업의 상징이고 스케일업을 대표하기 때문이다. 유니콘기업은 포춘 500대 기업이 평균 20년에 걸쳐 달성한 기업가치 1조 원을 평균 6년 만에 달성할 정도로 국가경제를 이끄는 동력의 주인공이다.

셋째, 유니콘이 스케일업을 대변하기에 각국의 스케일업 정책은 유니콘과 미래 유니콘을 만들기 위해 집중하고 있다. 미국, 중국, 유럽의 주요 국가들은 과거의 '스타트업 중심' 정책에서 2010년 이후부터 '스케일업' 정책으로 전환하였다. 다시 말해 스타트업을 스케일업으로 성장시키기 위한 종합 정책을 추진하고 있다. 이는 전 세계적으로 미래 신성장동력 정책의 일환으로 유니콘기업 육성의 중요성을 인식하고 있다는 것이다.

하지만 한국은 여전히 창업 초기와 저변 확대에 중심을 둔 스타트업 위주 정책을 펼치고 있다. 물론 스타트업은 중요하다. 하지만 스케일업은 더 중요하다. 스타트업은 새로운 기술혁신의 역할을 하고, 스케일업은 시장 확산의 역할을 한다. 업력이 얼마 되지 않은 스타트업이 고성장한 원인과 성장 동력을 집중 분석하여 기업의 성장을 촉진하고 성장을 추진하는 동력을 제도적으로 마련하는 것이 시급하다.

한국의 유니콘기업, 글로벌과 비교하다

한국의 유니콘기업

중소벤처기업부와 글로벌 리서치 전문기관 CB인사이트에서 발표하는 국내 유니콘 수는 차이가 있다. 2022년 말 기준 중소벤처기업부에서 집계한 유니콘 수는 22개, CB인사이트는 14개로 집계했다. 글로벌 유니콘 현황과 우리나라의 위치 등을 비교하기 위해, 특별한 언급이 없으면 이후의 자료는 CB인사이트에서 집계한 데이터와 14개 리스트를 중심으로 기술하도록 하겠다.

2019년부터 2023년까지 5개년의 연도별 한국의 유니콘 리스트를 살펴보면 쿠팡NYSE IPO, 크래프톤IPO, 우아한형제들M&A 등 7개사는 상장이나 인수합병을 통해 유니콘을 졸업한 엑시콘도 있다. 하지만 글로벌시장과 비교할 때 엑시콘도 많지 않고, 신규 유입도 많지 않은 정체 상황이 분명하다.

참고로 2014년 1,000억의 투자를 받으며 한국에서 쿠팡에 이어 두 번째 유니콘으로 등극한 옐로모바일은 공격적인 인수 전략과 문어발식 사업 확대의 부작용, 손자회사들의 시너지 부재 등으로 내리막길을 걸어 현재는 거의 폐업 수준에 이르렀지만 5년간 리스트에 계속 등재되기도 했다.

또한 2023년 기준으로 한국에서 기업가치 100억 달러 이상인 데카콘 기업은 없다. 물론 벤처투자 시장이 고점이었던 2021년 비바리퍼블리카, 두나무, 야놀자 등 3개사가 기업가치 10조에서 30조 사이에 거래되면서 데카콘에 합류했다. 하지만 그 후 경기 침체와 벤처 업계의 불황이 겹치면서 데카콘 리스트에서 삭제되었다. 하지만 포스트 코로나로 회복세를 보이는 여행 시장을 통해

표 1 2023년 국내 유니콘기업 현황

순위	기업명	업종 분류
1	토스	파이낸셜 서비스
2	옐로모바일	모바일
3	컬리	전자상거래
4	무신사	전자상거래
5	트릿지	데이터 및 무역 플랫폼
6	위메프	전자상거래
7	직방	부동산중개
8	메가존클라우드	클라우드 서비스
9	버킷플레이스	전자상거래
10	리디	콘텐츠 플랫폼
11	지피클럽	화장품
12	엘앤피코스메틱	화장품
13	야놀자	O2O서비스
14	아이지에이웍스	빅데이터 플랫폼

자료: CB-Insights, 2024. 9. 30., "Global Unicorn Club: Private Companies Valued at $1B+".

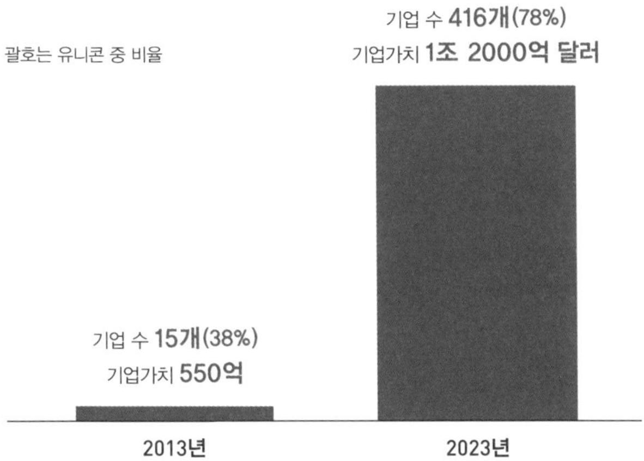

그림 1 **글로벌 B2B 유니콘 스타트업**

자료: 안상현, 2024. 7. 1., "벤처는 늘었지만… 첨단 유니콘 기업은 안 나오네", 조선일보.

미국 증시를 준비하고 있는 야놀자가 기업공개IPO에 성공하면 데카콘으로 다시 등극할 수 있을 것이라는 예측도 나오고 있다.

국내 유니콘기업의 업종을 보면, 다수의 기업이 커머스 관련 업종에 쏠린 것을 볼 수 있다. 국내 유니콘기업 14개사 중 옐로모바일, 컬리, 무신사, 위메이크프라이스, 버킷플레이스, 지피클럽, 엘앤피코스메틱, 야놀자 등 8개사(57퍼센트)가 '컨슈머 및 리테일' 업종으로 분류된다.

2023년 기준 글로벌 유니콘 스타트업 중 기업 간 거래(B2B, 이하 B2B) 유니콘이 차지하는 비중이 78퍼센트로(조선일보, 2024. 7.) 대다수인 것에 비해 국내 유니콘기업은 기업·소비자 거래(B2C, 이하 B2C)와 커머스 중심의 쏠림 현상이 심한 것이 현실이다.

국내 유니콘은 창업 초기 벤처캐피털에 의한 투자 유치가 가장 활발하게 이루어지고 있다. 이후 성장기나 상장 전 투자유치Pre IPO 단계에 이르러서는 사모투자회사를 통해 대규모로 자금을 조달하는 경우가 많아 건수 대비 누적 평균 투자액은 벤처캐피털보다 사모투자회사가 많은 것으로 나타났다.[1]

국내 모험 자본시장은 유니콘 또는 그 이상의 규모를 가진 기업에 투자할 수 있는 규모나 여건이 여전히 형성되지 못하였다. 따라서 쿠팡이 뉴욕증권거래소NYSE 기업공개 전 손정의 회장의 비전펀드를 통해 유니콘에 등극했던 것과 비슷한 사례가 많다. 성장 가능성이 어느 정도 검증되어 기업공개를 앞둔 유니콘기업의 투자를 해외 자본시장에 의존한다는 것은 너무나 뼈아픈 현실이다. 국내 유니콘기업을 위해서도 국내 모험 자본시장을 위해서도 벤처캐피털 업계의 성장과 대형화가 필요하다.

또한 국내 유니콘의 매출, 고용, 영업이익 등 경영지표를 보면 2023년 평균 매출액은 3,914억 원, 최근 3개년 연평균 매출 증가율CAGR은 15.32퍼센트이다. 또한 평균 고용인력은 794명 수준으로 파악된다. 다만 유니콘기업 중 2023년에 영업이익이 실현된 기업은 무신사, 지피클럽, 엘앤피코스메틱, 야놀자 단 4개뿐이며 이 외에는 지속적인 영업 적자가 누적되고 있다.

유니콘 중 매출액이 가장 큰 기업인 컬리는 2022년에 매출 2조 원을 돌파하였다. 그리고 2023년 2천억 원대의 영업 적자를 1,241

억 원 수준으로 줄였지만 여전히 적자가 누적되고 있다.

2023년 벤처기업협회에 등록된 벤처기업 수는 4만 81개로 전년 대비 14퍼센트가 늘었다. 반면 국내 유니콘기업은 2023년에 게임 기업 '시프트업' 한 곳이 추가되었으나, 2024년 추가로 등재된 유니콘은 아직 없다.

인공지능과 자율주행 등을 중심으로 전 세계의 투자 및 대규모 투자 단계가 집중되고, 스타트업산업도 관련 기술을 보유한 기업을 중심으로 재편되고 있다. 우리나라도 미래의 시장과 일자리를 만들어 낼 수 있는 분야의 스타트업 생태계를 키워야 할 시점이다. 그러나 여전히 우리나라 스타트업 생태계는 비교적 쉽게 창업할 수 있는 게임·쇼핑몰 등 B2C 위주이고, 차별화된 기술을 보유한 딥테크(혁신 기술 기업) 스타트업이 부족한 것이 현실이다.

국내 스타트업 시장이 지속 성장 가능성 측면에서 상대적으로 낮은 B2C산업에 편중되면서 경기가 기업의 성장과 하락에 많은 영향을 미치고, 글로벌시장보다 내수시장 중심의 사업으로 성장에 분명한 한계가 있다.

코로나 사태 이후 국내 스타트업 상황이 급격히 얼어붙어 국내 스타트업 투자 금액은 2021년 15조 9,371억 원을 기록했으나, 2023년 10조 9,133억 원으로 감소했다. 스타트업얼라이언스에 따르면 1,000억 원 이상 대규모 투자도 2021년과 2022년 각각 19건, 23건에서 2023년 8건으로 감소한 것으로 나타났다.

최근 국내외 유니콘 리스트에는 오르지 않았지만 상장 전 투자 유치에 이어 빠르게 성장하며 유니콘이 되자마자 코스닥에 국내 최초로 조兆 단위 상장에 성공하여 시가 총액 1조 3,000억 원을 기록한 파두(반도체 팹리스 설계 전문 기업)가 큰 화제가 되었다. 그러나 파두는 상장 이후 1년 만에 매출액이 동 분기 대비 136억 원에서 3억 원 수준으로 급락하여 예비 유니콘기업의 '뻥튀기 상장'과 함께 '유니콘 버블'에 대한 논란을 지폈다. 그 뒤 국내에서 기술 중심의 스타트업이 상장할 수 있도록 예외 조항과 특혜를 주며 파격적으로 도입된 '기술특례상장'에 대한 근본적인 검토가 필요하다는 우려의 목소리가 나왔다. 그리고 이와 함께 미래 성장 가능성만으로 수십억 달러의 기업가치를 인정받으며 투자를 유치한 대표적인 유니콘기업이 실질적으로는 수익이 전혀 뒷받침되지 못하는 거품 현상이 발생한 데 대한 회의와 두려움이 시장을 얼어붙게 하였다.

글로벌 유니콘기업

미국의 유니콘기업 수는 2023년 기준, 총 655개로 전 세계 유니콘기업 수의 과반인 54.2퍼센트를 차지한다. 이는 2019년 48.6퍼센트보다 증가한 수치로, 주요 국가 중에서 압도적인 1위를 계속 유지하고 있다.[2]

표 2 **미국의 유니콘기업 수 누적 추이(2019~2023년)**

(단위: 개)

2019년	2020년	2021년	2022년	2023년
218(48.6%)	239(48.2%)	378(50.4%)	562(52.3%)	655(54.2%)

자료: 한국경제인협회, 2023. 6. 21., "한국 유니콘 글로벌 비중, 기업수, 기업가치 위축(19년 대비 23년)".

주요 산업별 유니콘기업 수 현황으로는 인공지능을 포함한 기술enterprise tech 분야의 기업 수가 총 260개로 가장 높은 비중을 차지하며, 핀테크 기업을 포함한 금융 및 헬스케어 분야가 뒤를 잇는다. 소비재 및 B2C 플랫폼 기업의 비중은 지속해서 감소하는 추세다.[3]

표 3 **미국의 유니콘 주요 산업별 현황(2023년 기준)**

(단위: 개)

기술(인공지능 등)	금융(핀테크)	헬스케어	소부장	소비재	미디어·엔터	기타(보험)	계
260(39.7%)	105(16.0%)	89(13.6%)	74(11.3%)	72(11.0%)	43(6.6%)	12(1.8%)	655(100%)

자료: https://www.cbinsights.com/research-unicorn-companies(CB-Insights).

2019년부터 2023년까지 미국 유니콘기업의 5개년 평균 펀드레이징 금액은 731억 달러, 관련 투자 건수는 314건이다. 하지만 글로벌경제 침체와 코로나19 등으로 인해 2023년 투자 금액과 건수는 최근 5개년 평균 수치보다 다소 감소했으며, 2023년 미국

유니콘기업의 펀드레이징 총금액은 566억 달러, 관련 투자는 총 225건으로 파악되고 있다.[4]

2023년 한국경제인협회에서 작성한 유니콘기업 주요국 비교 보고서에 따르면, 미국은 가장 많은 유니콘기업을 보유했음에도 불구하고 유니콘기업으로의 유입과 유출이 매우 활발하게 이루어지고 있다. 또한 기업가치 측면에서 미국은 세계 10위권 유니콘기업의 절반을 차지하고 있으며, 미국의 유니콘기업 중 가장 높은 기업가치를 평가(세계 유니콘기업 3위)받는 일론 머스크의 스페이스엑스의 기업가치는 1,753억 달러이다. 이외 샘 올트먼의 오픈AI, 핀테크 기업 스트라이프, 빅데이터 기업 데이터브릭스, 세계 최대 암호화폐 거래소 바이낸스가 세계 10위권 유니콘기업에 올랐다(중소기업투데이, 2024. 4.).

중국의 유니콘기업 수는 2023년 기준, 총 169개로 전 세계 유니콘기업의 14퍼센트의 비중을 차지하고 있다. 이는 2022년보다 감소한 수치로 차량 대여 회사인 디디추싱을 포함하는 일부 유니콘의 이탈이 주된 이유이다.[5]

표 4 중국의 유니콘기업 수 누적 추이(2019~2023년)

(단위: 개)

2019년	2020년	2021년	2022년	2023년
120(24.3%)	126(23.8%)	153(20.7%)	173(16.1%)	169(14.0%)

자료: 한국경제인협회, 2023. 6. 21., "한국 유니콘 글로벌 비중, 기업수, 기업가치 위축(19년 대비 23년)".

업종별로는 소재·부품·장비 기업이 총 53개사로 가장 많으며, 이커머스를 포함하는 소비재 기업이 총 51개사, 인공지능 등 기술 기업은 31개사 순이다.

표 5 **중국의 유니콘 주요 산업별 현황(2023년 기준)**

(단위: 개)

소부장	소비재	기술(인공지능 등)	미디어·엔터	헬스케어	금융(핀테크)	계
53(31.3%)	51(30.3%)	31(18.4%)	14(8.3%)	13(7.7%)	7(4.0%)	169(100%)

자료: https://www.cbinsights.com/research-unicorn-companies(CB-Insights).

주요 유니콘 도시는 베이징(65개사)과 상하이(38개사), 선전(17개사) 등이다. 전체 유니콘의 기업가치는 6,900억 달러로 추정되며 세계 100위권에 드는 상위 14개사의 가치는 3,880억 달러이다(CB Insights with PwC analysis, 2022). 특징적으로 상위 14개사의 기업가치는 전체 기업가치의 56퍼센트를 차지하고 있으며, 이는 유니콘을 넘어 데카콘 수준의 기업이 다수 존재하는 것을 의미한다.

중국의 대표 유니콘은 단연 틱톡의 운영사 '바이트댄스'이다. 바이트댄스는 세계 유니콘기업 중 기업가치 1위로 현재 가치는 2,250억 달러 정도이다. 이는 미국의 1위 유니콘기업인 스페이스엑스의 기업가치(3,500억 달러)를 크게 웃돌며, 국내 1위 유니콘인 비바리퍼블리카의 기업가치(70억 달러)보다 30배 이상인 가치를 가진 독보적인 기업이라 할 수 있다(중소기업투데이, 2024. 4.). 그 외 유니콘으로는 기업가치 170억 달러의 인스타그램 기업 '샤오훙수', 기업가치 155억 달러의 에듀테크 기업 '위엔푸다오' 등이 있다.

중국은 넓은 내수시장과 정부의 창업 지원 정책, 민간 대기업 BAT Baidu, Alibaba, Tencent 투자 등의 강점을 활용하여 다수의 유니콘을 육성하였다. 특히 '민간 대기업 BAT 투자'는 창업에 대한 긍정적 사회 인식을 조성하고 BAT 중심의 창업투자 생태계를 구축하였다. BAT 투자 유치는 자금 확보뿐만 아니라 기술, 사회적 네트워크, 인적자본 등에서 지원을 받을 수 있으며 마케팅 효과도 있어 사업상 큰 시너지를 발휘할 수 있다. 이에 최근 중국 유니콘의 40퍼센트 이상이 BAT 투자를 받을 정도로 BAT가 중국 유니콘에 미치는 영향력은 상당하다.[6] 다만 최근 중국 정부의 과도한 민간 견제(앤트그룹과 디디추싱 사태) 등으로 인해 폐쇄성이 높아져 스타트업 생태 순위가 하락한 상황이다.[7]

2023년 기준 유럽의 유니콘 수는 181개이다. 주요 3개국(영국, 독일, 프랑스)의 유니콘이 전체 유럽의 절반 이상을 차지하는데, 영국이 50개사로 세계 4위를 차지하고, 독일이 29개사로 세계 5위, 프랑스가 25개사로 세계 6위를 차지한다.[8]

업종별로는 인공지능 등 기술 기업이 총 59개사로 가장 많으며 핀테크를 포함하는 금융 기업이 총 41개사, 소비재 기업이 총 30개사 순이다.

표 6 **유럽의 유니콘 주요 산업별 현황(2023년 기준)**

(단위: 개)

기술 (인공지능 등)	금융 (핀테크)	소비재	소부장	헬스케어	미디어·엔터	기타 (보험)	계
59 (32.6%)	41 (22.7%)	30 (16.7%)	29 (16.0%)	11 (6%)	10 (5.5%)	1 (0.5%)	181 (100%)

자료: https://www.cbinsights.com/research-unicorn-companies(CB-Insights).

전체 유니콘의 기업가치는 4,740억 달러로 추정되며 세계 100위권에 드는 상위 12개사의 가치는 1,710억 달러이다. 2022년까지 상위 100대 유니콘에 포함된 12개사의 기업가치는 18개월 동안 약 두 배 정도 급속 증가하였으나, 아직 중국과 미국의 유니콘과 비교할 때 미비한 수준으로 확인된다(CB Insights with PwC analysis, 2022). 유럽은 국가별로 다음과 같은 특징을 갖는다.

영국은 최근 전 세계적인 투자 냉각화 기조에도 유럽 최대 규모의 투자가 이루어지며, 풍부한 드라이파우더[9]를 기반한 자금력으로 유니콘 탄생을 견인하였다. 런던 위주에 창업 생태계가 활성화되어 있으며 유니콘의 절반 이상이 핀테크 기업인 특징이 있다. 주요 유니콘은 세계 유니콘 기업가치 8위의 핀테크 전문 기업 '레볼루트'로 가치는 330억 달러이다(CB Insights, 2023). 그 외에 유니콘으로는 기업가치 110억 달러의 핀테크 기업 '체크아웃닷컴' 등이 있다.

독일은 미국 실리콘밸리 다음으로 외국인 창업 비율이 높은 특징을 가지며, 베를린을 필두로 여러 지역에 유니콘이 분포한다. 핀테크, 이커머스, 소프트웨어 등 상대적으로 다양한 업종의 유니콘이 존재하며, 최근 핀테크 기업이 강세이다. 주요 유니콘은 기업가치 130억 달러의 프로세스 마이닝 전문 기업 '셀로니스'가 있다.

프랑스는 고도로 숙련된 인적자원과 성숙한 기술 생태계가 자리한 시장이다. 정부 주도의 프렌치 테크 사업을 기반하여 2010년대 후반 급속 성장하였다. 2025년까지 25개사 유니콘 육성을 목표를 2022년 초 3년 먼저 달성할 정도로 최근 프랑스 스타트업의 성장세는 뚜렷하다. 업종별로는 핀테크와 소프트웨어 기업이 강세이며, 주요 유니콘으로 기업가치 64억 달러의 온라인 진료 예약 기업 '닥터립'이 있다.[10]

유니콘과 스케일업 육성을 위해

한국의 유니콘 육성과 스케일업 지원 정책

2024년 현재 대표적인 한국의 유니콘 육성 및 스케일업을 지원하는 정부 정책은 다음 세 가지를 들 수 있다

① 팁스(TIPS: Tech Incubator Program for Startup)

② 케이-유니콘 프로젝트

③ 초격차 창업기업 1000+ 프로젝트(Deep Incubator Project for Startup, DIPS1000+)

먼저 정부 창업정책의 지휘 본부 역할을 하는 중소벤처기업부는 민간의 역량을 적극 활용한 '팁스'를 시작으로 창업기업 스케일업 지원 정책을 도입하였다. 이후 2019년 열한 번째 유니콘기업 발생 이후 유니콘기업의 사회경제적 파급효과를 경험한 정부는 본격적으로 유니콘기업을 육성하기 위해 2020년 4월 '케이-유니콘 프로젝트'를 마련한다. 2023년부터는 국가경제의 미래를 이끌어 갈 10대 분야를 선정하고, 동 분야 창업기업을 집중 지원하여 글로벌 유니콘을 육성하는 '초격차 창업기업 1000+ 프로젝트'를 시행 중이다.

팁스는 민간투자와 연계하여 초기 유망 창업기업을 성장단계별로 발굴·지원하는 중소벤처기업부의 대표적인 사업이다. 2013년부터 추진해 온 팁스는 정부가 선정한 운영사가 민간의 전문성과 역량을 활용하여 창업기업을 선별하고 정부가 연구개발, 창업사업화 자금 등을 연계 지원한다. 현재까지 지원받은 2,700여 개 이상의 창업기업이 총 13조 원 규모의 후속 투자를 유치하는 성과를 창출하는 등 중소벤처기업부를 대표하는 창업 지원사업으로 자리매김하였다.

창업기업의 스케일업에 집중하였던 이 사업은 2022년부터 우수 기술·인력을 보유한 신산업 창업기업을 전략 육성하기 위해 초격차 10대 분야 창업기업을 대상으로 자금을 지원하는 '딥테크 트랙'을 신설하는 등 지속해서 외연을 확장하고 있다.

팁스 운영사는 투자 재원을 보유하고 창업기업 선별, 투자, 보육 등 지원 역량을 갖춘 창업기획자, 초기 전문 벤처캐피털, 벤처·중소기업과 대·중견기업 등으로 2024년 현재 총 129개사가 선정되어 활동 중이다.

케이-유니콘 프로젝트는 2020년 4월부터 중소벤처기업부에서 국내 유니콘기업의 탄생을 촉진하기 위한 만든 벤처 정책 브랜드이다. '한국의 유니콘K-Unicon으로 커 나갈 수 있는 후보'를 육성하기 위해 1단계는 아기 유니콘을 예비 유니콘(기업가치 1천억 원 이상)으로 육성하는 프로그램, 2단계는 예비 유니콘을 유니콘(기업가치 1조 원 이상)으로 키우는 프로젝트로 구성된다.

1단계 아기 유니콘 사업에 선정된 기업에는 최대 3억 원의 시장개척 자금과 최대 50억 원의 특별보증을 지원하고 다양한 관계 부처가 연계하여 후속 지원한다. 2단계 예비 유니콘 선정 기업에는 최대 200억 원의 특별보증을 민간 금융권과 협력하여 공급한다.

2022년 중소벤처기업부는 독보적인 기술을 보유한 신산업 유망 스타트업 1,000개 이상을 발굴하여 집중 육성하는 초격차 창업기업 1000+ 프로젝트를 발표한다. 민관 공동으로 5년간 2조

구분	유니콘 후보 기업 육성		유니콘
	아기 유니콘기업	예비유니콘 기업	케이-유니콘 기업
주요 내용	기업가치 1천억 원 미만 기업 발굴·육성 2024년 150억 원 (50개사 내외)	기업가치 1천억 원 이상 1조 원 미만 기업 발굴·육성 2024년 3,000억 원 (15개사 내외)	기업가치 1조 원 이상 비상장기업
추진 주체	창업진흥원	기술보증기금	
발굴 규모	260개사 내외 (2024년 기준)	131개사 내외 (2024년 기준)	20개사 이상

그림 2 **케이-유니콘 프로젝트 체계도**

자료: 중소벤처기업부, 2024. 3. 4., 「글로벌 유니콘 프로젝트」 참여기업 모집 및 지원계획 통합 공고.

원 이상을 투입하여 국가경제의 미래를 이끌 초격차 스타트업으로 육성하는 프로젝트이다.

정부는 국내외 주요 기관에서 선정한 유망 신산업 분야를 중심으로 창업기업의 세계시장 진출 가능성이 높은 10대 분야를 [표 6]과 같이 선정하였다.

지금까지 창업지원 정책은 특정 기술이나 분야에 구분 없이 업력에 따라 보편적으로 지원해 왔다. 그러나 초격차 창업기업 1000+ 프로젝트는 10대 분야 유망 창업기업으로 선정된 창업기업에 핵

표 7 **10대 신산업 분야 세부 분류**

10대 분야	세부 분류
❶ 시스템반도체	로직·아날로그 IC, 마이크로 컴포넌트
❷ 바이오·헬스	의약, 임상기술, 의료기기
❸ 미래모빌리티	전기·수소차, 자율주행
❹ 친환경·에너지	자원순환, CCUS, 친환경 신소재, 신재생, 이차전지, 에너지 절감
❺ 로봇	지능형·서비스 로봇, 스마트시스템
❻ 빅데이터·인공지능	컴퓨터비전, 빅데이터 수집 및 활용, 고객데이터플랫폼, AIoT
❼ 사이버보안·네트워크	복호화, 블록체인, 5·6G, 무선통신, 클라우드, 메타버스, 모바일 엣지컴퓨팅
❽ 우주항공·해양	위성, 발사체, 기지국, 비행체, 첨단선박
❾ 차세대원전	원자로, 원전 재료, 안전기술
❿ 양자기술	양자컴퓨팅, 양자센서, 양자통신

자료: 중소벤처기업부, 2024. 5. 20., 「우주, 항공 등 초격차 창업기업(스타트업) 본격 육성한다」.

심 지원 수단을 과감하게 투입하여 빠르게 성장할 수 있도록 지원하는 정책이다.

이를 위해 선정 기업에 3년간 최대 6억 원의 사업화 자금을 지원하고, 창업기업 수요에 따라 최대 5억 원의 연구개발 자금 등 총 11억 원을 직접 지원한다. 이에 더해 정책자금·보증·수출 등을 연계 지원하고, 신산업 분야별 기술사업화 주관기관이 산업별 특성에 맞게 중점 지원한다.

서울시의 창업 및 스케일업 지원 정책

서울시의 창업정책은 2008년 금융위기 발발에 따른 경기침체와 청년 실업률 감소에 대한 대응책으로 시작되었다. 2009년 청년 창업가 1,000명을 육성 지원하는 '2030 청년창업 프로젝트'를 시작으로 서울시 창업의 저변을 다졌다. 2014년부터는 '창업특별시 서울을 위한 창업센터 혁신 계획'을 통해 기술창업을 지원하는 정책을 실시하고 서울창업허브를 열어 본격적으로 창업 생태계를 확대하였다. 이후 2019년부터는 '글로벌 TOP 창업 도시 서울 추진계획'을 통해 성장기 스케일업을 지원하는 데 집중하면서 창업 생태계의 질적 성장을 이루었다. 그리고 2023년부터 '서울 창업정책 2030 추진계획'을 통해 유니콘 창업기업을 육성하기 위한 공간, 자본, 인력을 지원하고 있다.

서울시가 적극적인 창업정책을 펼친 결과 2011년 17개에 불과

2009년~

청년창업의 시작
2030 청년창업 프로젝트
지원계획(2009.4.)

2008년 금융위기발 경기침체 및 청년 실업률 상승에 대한 대응책으로 '청년창업' 화두
- 청년실업 9만 명, 창업희망 3만 명

市 청년창업가 1,000명 육성 목표 추진
- 창업공간, 활동비, 홍보, 컨설팅 등 지원

부족한 창업공간 확충에 집중
- (구)마포구 청사, 가든파이브 재구성
- 게임콘텐츠센터, 성수 IT종합센터, 서울창업성장센터, 패션창작스튜디오 등 신규 조성

2014년~

기술창업의 저변 확대
「창업특별시, 서울」 위한
창업센터 혁신계획(2014.4.)

생계형 창업 → 기술창업 중점 지원
- IT, NT 등 융복합 산업 중심 지원 추진

'창업까지' → '창업 이후' 지원사업 확대
- 창업 이후 필요한 기본적인 투자유치, 해외진출(박람회 참가) 지원 신규 추진

서울창업허브 통한 '허브&스포크' 구축
창업저변 확대 위해 30여 개 시설 확충
- (초기) 창업카페, 아스피린센터, 꿈터
- (신성장) 바이오허브, 양재 R&CD허브
- (제조) 상상공작소, 세운 메이커스큐브, 메이커파크, 성북공작소

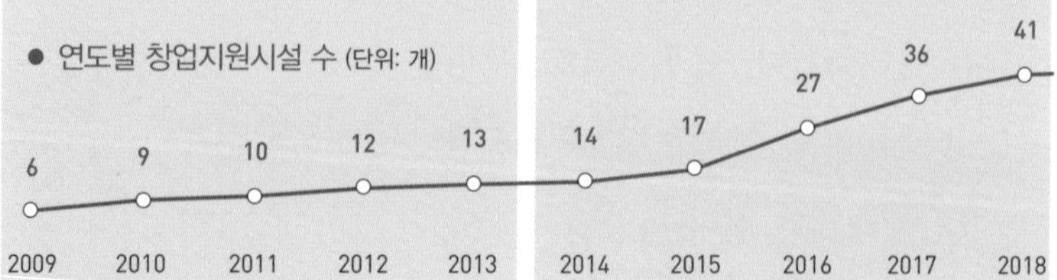

2019년~	2023년~
스케일업 지원 강화 글로벌 TPOP5 창업도시 서울추진계획(2019.4.)	**유니콘 창업기업 육성** 서울 창업정책 2030 추진계획(2023.6.)

'Going Global', 오픈이노베이션 추진
- 글로벌 시장조사~법인설립, 전방위 지원
- 대·중견기업-스타트업 매칭→혁신 창출

창업 초기 → 성장기 스케일업 지원
- 3.6조 원 규모 혁신성장펀드 운용

양적 확대에서 질적 성장으로
- (고도화) 바이오·인공지능 허브 확대, 핀테크랩, 블록체인센터, 창업허브 M+ 등 신설
- (다양화) 디자인 창업센터, 패션허브 창업뜰, 서울관광 플라자, 소셜벤처허브
- (효율화) 창업카페 등

스타트업 스케일업 및 유니콘기업 육성
- (공간) 글로벌 거점 '유니콘 창업허브'
- (자본) 5조 원 규모 서울비전 2030펀드
- (인력) 청년취업사관학교, 캠퍼스타운 통한 디지털 창업인재 1만 명 공급

스타트업 스케일업 지원시설 확충
- (스케일업) 창업허브 스케일업센터
- (산학연계) 캠퍼스타운 기업성장센터
- (첨단제조) 용산시제품제작소, 제조창업허브 및 창업허브 구로(예정)

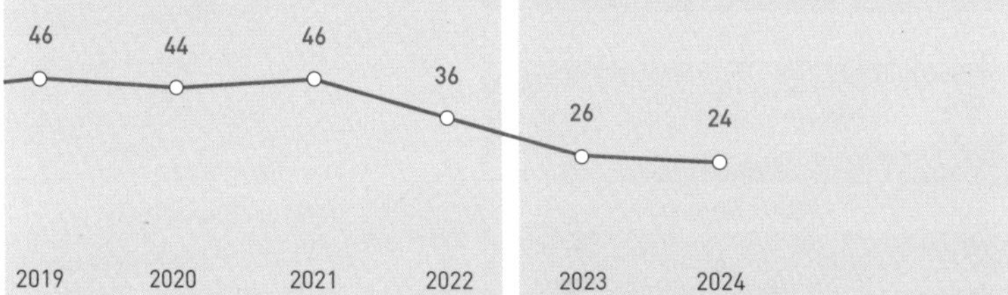

그림 3 **연대별 서울시 창업지원 정책 주요 기조(2009~2023년)**

자료: 서울특별시, 2024, 「2024년 서울시 창업지원시설 성과공유 세미나 보고서」.

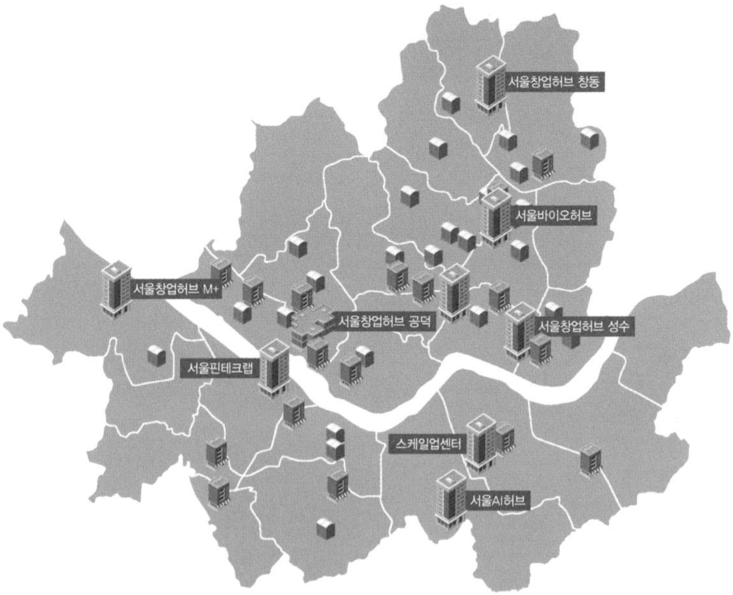

플랫폼 허브	•창업센터, 창업허브 연계·통합 •서울창업허브 공덕	
창업 허브	•성장단계 스케일업 창업센터 연계 •서울창업허브 7개소	서울창업허브 M+·성수·창동 | 서울AI허브 | 서울핀테크랩 | 스케일업 센터
창업 센터	•예비 초기단계 BM컨설팅 역량 강화 •중소 창업지원시설 16개소	서울창업허브 동작·관악 | 서울창업디딤터 | 청년창업꿈터 | 서울창업성장센터 | G밸리창업큐브 | 제2핀테크랩 | 서울새활용프라자 | 용산시제품제작소 | 캠퍼스타운 | 기업성장센터 | 게임콘텐츠센터 | 패션허브 창업뜰 | 서울먹거리창업센터 | 소셜벤처허브 | 서울관광프라자 | 서울디자인창업센터
캠퍼스 타운	•창업인재 발굴, 시장탐색 지원 •총 27개 대학 132개소	고려대 | 경희대 | 서울대 | 성균관대 | 숙명여대 | 숭실대 | 세종대 | 건국대 | 동국대 | 서경대 | 시립대 | 광운대 | 이화여대 | 중앙대 | 한양대 | 동덕여대 | 삼육대 | 서강대 | 성신여대 | 한국외대 | 홍익대 | 한신대 | 강서대 | 국민대 | 덕성여대 | 명지전문대 | 한성대

그림 4 **서울시 창업지원시설 현황(2024년)**

자료: 서울특별시, 2024, 「2024년 서울시 창업지원시설 성과공유 세미나 보고서」.

2012년 이후 창업지원 실적

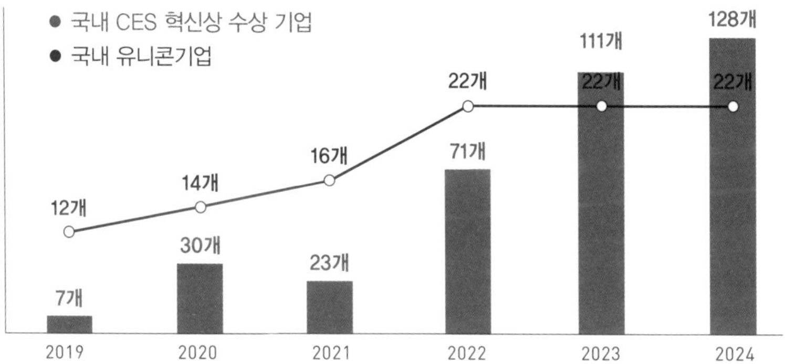

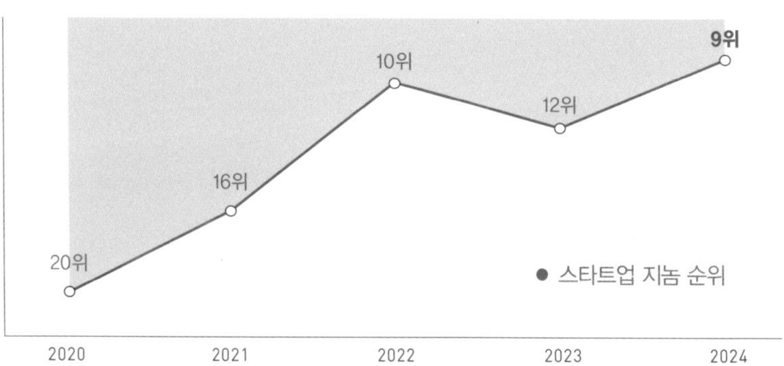

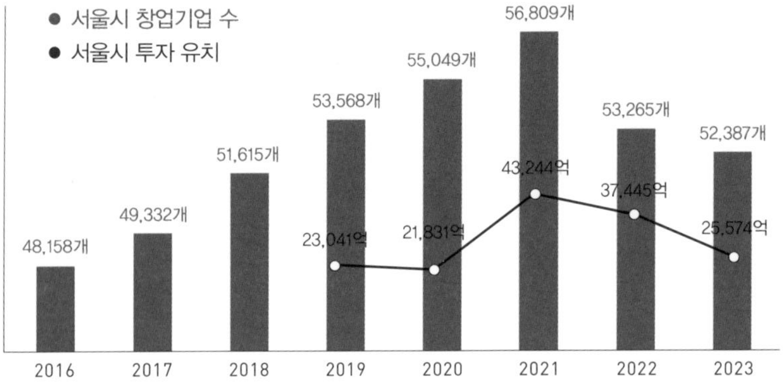

그림 5 **서울시 창업지원 정책 주요 성과(2019~2024년)**

자료: 서울특별시, 2024, 「2024년 서울시 창업지원시설 성과공유 세미나 보고서」.

했던 창업 지원시설은 2023년 30개로 늘었다. 또한 지난 11년간 서울시의 지원을 받은 1만 4천 개의 창업기업은 2만 3천 개의 일자리를 창출하였으며, 1조 5천억 원 규모의 투자 유치 및 매출액 5조 7천억 원을 달성하는 등 양적 성장을 이루었다.

특히 창업기업의 기업가치, 매출액, 성장성 등을 모두 고려한 서울의 창업 생태계 가치는 2021년 53조 원에서 2023년 274조 원으로, 단 2년 만에 다섯 배 이상 높아졌다. 또한 2024년 미국 국제전자제품박람회에 참여한 기업 중 서울시의 지원으로 성장한 37개 기업이 CES 혁신상을 수상하는 등 서울시 창업기업의 글로벌 위상도 높아졌다. 이제 서울은 전 세계에서 창업하기 좋은 10대 도시에 선정되는 등 창업 선진도시로 발돋움하였다(2023년 스타트업 지놈(Startup Genome) 발표).

그러나 코로나 팬데믹의 터널을 지나며 세계적인 경기침체로 창업기업과 벤처기업의 투자 혹한기를 맞이했고, 많은 혁신 창업 기업이 위기를 겪는 추세가 지속되고 있다. 짧은 기간 창업 생태계의 양적·질적 성장을 이루었지만, 서울의 유니콘기업 증가 속도는 미국, 독일과 같은 창업 강국에 비해 더디다는 한계에 직면했다. 이에 서울시는 2023년 6월, 2030년까지 글로벌 유니콘 50개 기업을 양성하고, 세계 최대 규모의 '서울 유니콘 창업허브'를 건설하는 등 세계 5위 창업 도시로 도약하기 위해 '서울 창업정책 2030'을 발표했다.

표 8 **'서울 창업정책 2030' 4대 핵심과제**

구분	주요 내용
① 글로벌 창업 도시 브랜드 구축	- 세계 최대 '서울 유니콘 창업허브' 건립, - 1천 개 창업기업-글로벌 기업 365일 협력 기반 마련
② 성장단계별 창업기업 스케일업	- 해외 진출-투자-혁신인재 스케일업 3박자 지원체계 완성 - '서울형 공유 오피스' 조성
③ 4대 미래산업 창업기업 육성	- 로봇, 핀테크, 바이오, 인공지능 서울 성장 동력화 - 거점기술력 강화하고 스타기업 육성
④ 첨단 제조 기반 창업 생태계 활성화	- 구로에 '첨단 제조창업 기반 시설' 구축, - 전용 펀드 조성해 장기 투자, 서울의 제조 경쟁력 강화

자료: 서울특별시, 2023. 6. 21.,
"서울시, 2030년 세계 최대 창업허브 개관…글로벌 유니콘 50개 키운다" 발췌.

'서울 창업정책 2030'은 다음 4대 핵심과제를 중점으로 추진되고 있다.

글로벌 창업 도시 브랜드 구축

첫 번째 핵심과제는 '서울은 세계 최고 창업 도시'라는 인식이 자리매김할 수 있도록 브랜드를 구축하는 것이다. '서울 = 창업기업하기 좋은 도시 = 유니콘이 탄생하는 도시'를 공식화하고, 글로벌 투자자와의 접점을 다각화해 우리 기업의 해외 진출 기회를 지원하려고 한다.

이를 위해 첫째, 2030년까지 1천 개 창업기업이 입주할 수 있는 세계 최대 규모의 '서울 유니콘 창업허브'를 조성할 예정이다. 또한 입주기업용 1천억 원 전용 펀드를 조성하여 미래 유니콘에 직접 투자할 계획이다.

둘째, 글로벌 창업기업 축제인 트라이에브리싱Try Everything을 글로벌 최대 투자 축제이자, 세계 각국의 유망 창업기업 2천 개, 참가자 10만 명이 함께하는 축제로 발전시키는 한편 국제전자제품박람회(미국), 모바일 월드 콩그레스(MWC, 바르셀로나), 국제가전박람회(IFA, 베를린)에 '서울관'을 순차적으로 조성하여 서울시 기업의 혁신성을 알리는 동시에 글로벌 창업 도시의 이미지를 전 세계에 각인시키려고 한다.

성장단계별 창업기업 스케일업

두 번째 핵심과제는 서울시 기업이 해외시장에 안착할 수 있도록 기술·서비스 실증, 투자 유치 등을 지원하는 '해외 창업거점'을 대폭 확대하는 것이다. 또한 민간-공공 투자 기반을 강화하고, '해외진출-투자-인재 3박자가 고르게 지원되는 스케일업 육성 체계'를 다지고 있다.

이를 위해 첫째, 베트남(호치민)과 인도(벵갈루루)에서 운영 중인 해외 창업거점을 미주·유럽·중동 등 20곳으로 확대할 계획이다. 2024년 스페인과 싱가포르에 2개소를 구축하고, 글로벌시장에서 인정받는 혁신 기술과 서비스를 가진 창업기업의 스케일업 지원을 강화할 예정이다.

둘째, 2025년까지 서울시 전 자치구에 '청년취업사관학교'를 조성하여 연간 5천 명의 소프트웨어 개발자와 디지털 인재를 배출하는 인적자원 양성 기반을 구축하려고 한다. 이를 통해 창업기업에서 필요로 하는 개발 인재를 연간 1,500명씩 현장과 연결하여 창업기업의 기술 인력 구인난을 해소하고 2030년까지 1만 명이 창업기업에 취업하도록 지원할 계획이다.

셋째, 캠퍼스타운(대학)을 초기 창업 생태계의 중심으로 키우려고 한다. 대학의 역량과 자원을 활용하여 기업에 필요한 인재와 기술을 제공할 수 있도록 대학별 정보통신기술ICT, 프롭테크, 헬스케어 등 강점 분야를 살려 청년 창업기업과 교수·연구원 등의 기술창업을 지원할 계획이다.

넷째, 패션·리빙 등 생활밀착형 비즈니스를 보유한 예비, 초기 창업자를 위해 창업하기 좋은 '창세권'을 구축하려고 한다. 역세권과 청년 인구가 밀집한 곳에 기부채납 시설을 활용한 단기형 창업 공간을 최대 700개 공급할 예정이다.

4대 미래산업 창업기업 육성

세 번째 핵심과제는 미래산업인 핀테크, 바이오, 인공지능 창업기업을 지속해서 육성하고, 차세대 혁신 성장 분야로 '로봇'을 선정하여 4대 미래산업 창업기업 육성 체계를 강화하는 것이다.

이를 위해 첫째, 로봇 창업기업이 기술 축적부터 상용화, 제품 양산까지 가능하도록 장기투자 기반을 다지려고 한다. 또한 2026년까지 로봇 성장펀드 2천억 원을 조성해 로봇 창업기업에 투자할 예정이다. 수서 일대를 로봇 기업이 집적하는 로봇 클러스터로 조성하고, 종합 지원시설로 서울 로봇테크센터를 구축하여 로봇 창업기업 사업화의 전진기지로 삼는 한편 성장단계별로 맞춤형 지원을 할 예정이다.

둘째, 서울 핀테크랩(여의도)과 제2핀테크랩(마포)을 통합해 2030년부터 170개 창업기업의 스케일업을 지원하여 세계적인 핀테크 유니콘기업으로 키워 낼 예정이다.

셋째, 연구소-대학-병원이 집적된 홍릉 일대를 세계적인 바이오·의료 클러스터로 한 단계 도약시킬 계획이다. 또한 바이오 창업기업의 스케일업을 위해 2030년까지 바이오 펀드 1조 6천억 원을 조성해 연구자 창업이 활성화될 수 있도록 뒷받침하려고 한다.

넷째, 인공지능 2.0 시대를 열 20만 제곱미터 규모의 'AI 서울 테크시티'를 2028년까지 완성할 예정이다. 이를 통해 현재 양재동 양곡도매시장 부지에 미래산업의 핵심 기반인 인공지능 인재와 기업이 모이고, 문화·주거 공간을 갖춘 '서울 속 인공지능산업 도시'가 조성되면서 국내외 인공지능 전문 대학원, 세계적 기업과 연구기관이 양재 일대로 집적되는 효과를 기대할 수 있다.

첨단 제조 기반 창업 생태계 활성화

네 번째 핵심과제는 제조산업 집적지(용산, 구로)를 중심으로 '첨단 제조 창업 기반 시설'을 구축하는 것이다. 대규모 자금과 장기적 관점의 투자가 필요한 제조 첨단 제조 분야 창업기업의 특성을 고려한 특화 펀드를 조성하여 2030년까지 첨단 제조 유니콘기업 10개 배출을 목표로 지원할 계획이다.

이를 위해 첫째, 고척동 서울남부교도소 이적지에 하드웨어 창업기업을 위한 1만 7,652제곱미터 규모의 '서울제조창업허브'를 2027년까지 조성할 예정이다.

둘째, 첨단 제조 분야 육성을 위해 2024년부터 6천억 원 규모의 펀드를 조성하여 반도체, 이차전지, 스마트 제조 등 첨단 제조 기업만을 위해 기업당 최대 2백억 원을 투자하여 실질적 기술개발을 가능하게 할 계획이다.

위와 같이 서울시는 앞으로 10년이 우리나라 혁신산업의 글로벌 우위를 결정짓는 중요한 시기라고 판단하여 글로벌 유니콘 발굴을 위한 강력한 창업정책을 추진하고 있다. '서울 창업정책 2030'을 시행하기 위하여 2026년까지 8,646억 원이 투입되며, 2030년까지 총투자 규모는 1조 6,717억 원으로 예정되었다.

향후 정책입안을 위한 제언

정체된 한국 유니콘의 현재

최근 5년간 한국의 유니콘기업 수는 2019년 10개에서 2023년 14개로 소폭 증가하였지만(CB인사이트 기준), 전체 유니콘 수 대비 한국이 차지하는 비율은 오히려 감소하였다. 이는 한국의 유니콘 성장세가 정체된 것을 의미한다. 게다가 유니콘 수가 늘어났음에도 한국 유니콘의 총기업가치는 2019년 290억 달러에서 2023년 325억 달러로 거의 동일한 수준을 유지하고 있어 오히려 유니콘의 평균 기업가치는 감소한 것을 확인할 수 있다.

또한 한국과 글로벌 유니콘의 현황 분석을 통해 뚜렷이 대비되는 차이점은 유니콘에 등재된 기업의 업종 분포이다. 우리나라 유니콘의 절반 이상이 컨슈머와 리테일 또는 B2C 업종에 치우쳐 있는 것은 인공지능과 딥테크 등 미래 기술을 이끌어 갈 원천기술 분야의 스타트업이 세계 주요 국가에 비해 많이 부족하다는 것을 의미한다. 컬리, 직방, 버킷플레이스(오늘의 집), 위메프, 무신사 등 한국 유니콘이 주로 쇼핑 플랫폼, B2C 업종에 속하는 반면, 세계 유니콘 533곳 가운데 416곳(약 78퍼센트)이 B2B 기업이다.

유니콘과 스케일업 지원 정책 측면에서도 세계 주요 국가들은 이미 스케일업이 국가경제에 미치는 효과와 중요성을 인지하고, 유니콘과 스케일업을 집중 육성하는 정책을 다각도로 추진하고 있다. 그러나 우리나라는 초기 스타트업의 육성과 창업 생태계의 저변 확대 측면에서는 활발한 지원이 이뤄진 반면, 2020년 이후에서야 케이-유니콘 프로젝트를 추진하는 등 선진국과 비교해 유니콘 육성 정책을 다소 늦게 추진하였고, 지원 체계 측면에서도 여전히 단위 사업 위주의 단편적인 지원이 이루어지는 등 한계를 노출하고 있다.

딥테크 유니콘 육성을 위한 환경 구축이 절실한 시점

정체된 한국 유니콘의 현재를 극복하고, 스타트업 테스트베드 및 강국의 이미지를 되찾는 것과 동시에 유니콘과 스케일업 기업을 통한 경제성장과 국가 경쟁력을 높이는 것이 절실하게 필요한 시점이다. 플랫폼과 B2C 분야의 쏠림 현상을 극복하고 미래를 이끌어 갈 원천기술 분야의 유니콘, 즉 인공지능과 머신러닝, 양자컴퓨팅, 바이오테크놀로지, 나노테크놀로지, 차세대 통신 기술, 자율주행과 로보틱스, 블록체인 기술, 우주탐사 기술 등 다양한 산업과 사회적 요구를 반영할 수 있는 딥테크 기업의 육성이 시급하다.

딥테크 창업은 고도의 새로운 기술력을 위한 초기 단계의 막대한 투자, 다양한 분야의 기술 융합, 장기간이 소요되는 특성으로 기존 창업과 큰 차이가 있다. 이러한 특성 때문에 딥테크 창업정책은 기존 창업정책과 차별화되어야 한다.

최근 우리나라도 중소벤처기업부에서 스타트업 10대 딥테크(초격차) 분야를 설정하여 전반적인 지원과 산업 육성을 위한 체계를 마련하고자 노력하고 있다. 대표적으로 초격차에 도전하는 1천개 스타트업을 선발하여 육성하는 것을 목표로 하는 '초격차 창업기업 1000+ 프로젝트'가 있지만 보다 더 공격적인 연구개발 지원 예산을 확보하고 인프라를 구축해야 한다.

중소벤처기업부와 과학기술정보통신부는 단위 프로그램당 단편적인 지원 예산 형태로 예산을 책정한다. 따라서 창업 이후 성장기에 진입하여 비약적 성장을 이룬 스케일업을 육성하기 위해서는 기업의 전 주기를 지원하는 예산 책정이 절대적으로 요구된다. 정부 부처의 딥테크 분야 예산은 연간 2천억 원 수준이지만, 부처별로 단기간 창업을 지원하는 데 그쳐 딥테크 분야에 중장기적인 예산 지원이 필요한 실정이다. 예산도 2조 원 이상의 파격적 수준으로 높여야 할 것이다.

선별적이고 과감한 전 주기적 지원 정책

스케일업은 각자 다른 환경과 특징을 갖고 있어 기술 트렌드에 따라 바뀌는 단기적인 산업 육성 정책과 단편적인 성장단계별 지원 등의 접근 방안이 아닌 개별 기업의 특수성을 반영한 전 주기적 맞춤형 지원, 그것도 과감한 지원 정책이 필요하다. 물론 기업 지원의 형평성 문제가 제기될 수 있다는 부정적인 부분도 존재한다. 그러나 과거 기간산업과 대기업 중심의 정책이 지금의 한국 경제를 견인했던 것처럼 스케일업과 유니콘을 향후 한국 경제의 생태계를 혁신해 낼 것이다. 그러므로 확신을 가지고 과감한 정책을 펼쳐 딥테크 분야의 유니콘을 육성해 내야 한다.

유니콘으로 도약할 가능성이 높은 기업을 집중 발굴하고, 현재까지 정부 지원에서 배제되었던 금융, 공간, 인재 확보, 규제 영역까지 차별적이고 집중적인 지원이 요구된다. 일본은 인공지능 분야의 유니콘을 육성하기 위해 규제 개선은 물론 시장에서 품귀 현상이 있는 고성능 CPU[H100]까지 정부가 구매하여 지원하는 등 기존의 관행을 깨는 적극적인 지원을 아끼지 않고 있다.

이러한 내용을 실무적으로 적용하면 다음과 같은 몇 가지 정책 방향이 나올 수 있다. 우선 유니콘 정책의 지원 대상에 관한 문제이다. 과감하고 전 주기적 지원이라는 말을 실무적으로 적용하면 적어도 기술이나 비즈니스 모델에 대한 검증이 끝나고 성장 궤도에 들어서기 시작한 스타트업에 대한 집중적인 지원이라는 말로 해석된다. 즉 먹고살 만하고 잘나가는 기업을 세계적으로 더 잘나가라고 지원한다는 것이다. 지원의 형평성 문제를 제기할 수 있다. 이런 기업들은 이미 수백억 원 또는 수천억 원을 펀딩하고 보다 큰 성장을 꿈꾸는 기업일 확률이 높기 때문이다. 그러나 이러한 기업들이 성공할 때 향후 한국 경제의 질적 성장이 이루어진다는 점을 고려한다면 형평성이나 특혜 논란보다 미래를 담보해 내야 한다는 절실함이 더 크다.

유니콘 정책의 지원 대상에 대해서 정리가 되었다면 다음은 이들에 필요한 금융투자 정책을 살펴보아야 한다. 앞서 살펴본 바와 같이 국내 벤처캐피털의 규모로는 대규모 펀딩이 필요한 유니콘에 대한 투자가 만만치 않을 수 있다. 경제 규모상 인위적으로 대규모 투자가 가능한 벤처캐피털이나 사모펀드를 정책적으로 만드는 것은 쉽지 않으니 '유니콘 팁스TIPS'라는 별도의 제도를 운영해 볼 수 있겠다. 기존의 팁스 제도와 비슷한 내용이지만 투자회사를 국내 벤처캐피털로 한정하지 않아야 한다. 그리고 지정된 트랙에 따라 국내외 모든 투자회사가 그 회사가 투자한 기업을 연결해 주는 유니콘 팁스를 신설하는 것이 유니콘을 육성하기 위한 효율적인 방법일 수 있다. 예를 들어 국내외의 어떤 투자회사가 한국의 잠재력 있는 유니콘에 300억 원을 투자한다면 정부는 그 두 배의 금액을 투자하면서 50퍼센트는 원금을 회수하고 50퍼센트는 지분으로 받는 형태의 새로운 팁스를 만들어서 유니콘의 성장을 적극 지원할 수 있다. 이때 투자 금액의 단위는 기업당 수백억 원으로 커지겠지만 현실적으로 투자 수익률의 안정성은 매우 높아질 것이다. 투자 대상 기업이 유니콘이 될 만한 기업이기에 이러한 투자는 연간 투자 건수가 많지 않고, 투자 금액 회수도 원활할 뿐만 아니라 수익률도 좋을 수 있다.

그다음은 공간에 대한 관점이 달라져야 한다. 예비 유니콘기업을 단순하게 '스타트업 = 창고에서 시작 = 작지만 성장하는 기업'이라는 선입관으로 봐서는 안 된다. 이미 이 단계에 들어선 기업은 직원이 몇십 명 단위가 아니라 몇백 명 혹은 1천 명이 넘고 근무 여건도 일반 대기업 못지않은 경우가 많다. 그래야 인재가 모이고 유니콘이 탄생한다. 기존의 육성 공간에 대한 개념은 유니콘 허브의 입주 공간으로 적합하지 않다. 규모도 설비도 최고 수준이어야 한다. 그래야 예비 유니콘들이 이 공간에 들어오려고 하고 다른 나라의 기업도 한국의 유니콘 육성 공간을 선호하게 될 것이다.

예비 유니콘들이 가장 원하는 것은 인재에 관한 지원 정책이다. 해외의 기술 인력을 유치하기 위해서는 비자 등 제도를 개선해야 한다. 국내 인력에 대한 파격적 지원도 필요하지만 외국 인력에 대한 지원도 '세금으로 외국인을 지원한다'라는 관점을 벗어나 국내 유니콘을 육성하는 데 필요한 하나의 방법론이라는 시각으로 제도를 만들어야 한다.

앞서 언급한 바와 같이 지난 20년 동안을 살펴보면 스타트업을 중심으로 한 혁신 생태계가 발달한 나라와 그렇지 못한 나라의 경제성장 속도가 다르다는 사실은 이제 이론의 여지가 없다. 기간산업과 대기업 중심에서 벗어나 딥테크를 중심으로 한 스케일업과 유니콘을 육성하는 일은 한 나라의 차세대 먹거리를 창출해 내는 일과 다르지 않다. 그래서 각국 정부는 저마다의 현실에 기반하여 생태계를 성장시키기 위해 정책적 노력을 다하고 있다. 이제는 형평성 논란에서 벗어나 과감한 지원 정책이 아주 절실한 시점이다.

8장

인공지능 시대의 기술 패권 전쟁
: 딥시크 쇼크와 한국의 미래 전략

◈ 김만기 ◈

서울디지털재단 이사장

21세기는 기술이 국가와 기업의 운명을 결정짓는 시대다. 기술 강국이 세계를 지배하고, 첨단 기술을 선점한 국가가 미래의 주도권을 잡을 수 있다. 특히 인공지능은 4차 산업혁명의 핵심 기술로, 그 중요성은 날로 커지고 있다. 인공지능의 영향력이 기술뿐 아니라 경제, 산업, 사회 전반을 재편하는 혁신의 동력이 되고 있기 때문이다. 최근 중국의 딥시크와 같은 스타트업의 등장은 인공지능 기술 경쟁에 새로운 균열을 만들고 있다. 딥시크는 단순히 한 기업의 성공을 넘어, 글로벌 인공지능 시장의 판도를 뒤흔들며 기술 패권 경쟁의 새로운 시대를 열고 있다.

이러한 변화 속에서 한국은 어떤 전략을 취해야 할까? 단시간에 급성장한 중국 스타트업 딥시크의 사례를 통해 우리는 인공지능 기술 경쟁에서의 성공 요인과 정책의 방향성을 되짚어볼 필요가 있다. 이 장에서는 기술 강국으로의 도전, 인공지능이 가져올 산업적 변화에 대해 알아보고 딥시크 쇼크를 통해 한국의 인공지능 전략을 모색해 보고자 한다.

기술 강국이 세계를 지배한다

과학기술은 국제사회에서 정치, 경제, 군사적 영향력을 결정짓는 핵심 요소이다. 산업혁명 시기부터 오늘날까지 혁신 기술을 주도한 국가는 패권국으로서 세계경제를 이끌고 국제질서를 주도해 왔다. 산업혁명 이후 혁신적인 기술이 경제발전을 이끄는 핵심 동력이자 패권을 결정짓는 시대가 된 것이다.

18세기 후반, 영국은 증기기관과 방직 기술의 혁신을 통해 산업혁명의 선두에 섰다. 증기기관이 방직기계에 동력을 공급하면서 면직물의 생산성을 폭발적으로 끌어올리며 대량생산 체제를 확립했다. 불과 30년 만에 생산성이 370배 증가했고, 18세기 인도에서 5만 시간 걸리던 작업을 1825년 영국에서는 135시간으로 끝낼 수 있게 되었다. 증기기관차가 개발된 후에는 면직 공장 운영으로 부자가 된 기업가들이 인도와 미국 남부에 철도 건설을 적극 지지하고 투자하여, 목화를 신속하게 공급받고 면직물을 수출하는 글로벌 공급망을 구축했다. 당시 최고의 면직물을 생산하던 인도는 영국의 저렴한 면직물이 대량 유입되면서 전통 면직 수공업이 몰락하고 사람들은 일자리를 잃게 되었다. 인도는 영국에 고급 면직물을 대량 수출하던 나라에서 역으로 면직물을 수입하고 목화를 수출하는 원료 공급지로 전락했다. 영국의 전체 산업에서 면방직산업이 차지하는 비중은 1770년대 2.6퍼센트에 불과했으나 1831년 22.4퍼센트를 차지할 만큼 급성장하며 영국 경제의 중심축이 되었다. 증기기관이라는 신기술은 영국의 산업 경쟁력을 강화한 핵심 동력이 되었으며 영국이 세계 패권을 확립하는 결정적 계기를 제공하였다.

19세기 후반, 독일과 미국은 화학, 전기, 철강 기술의 혁신을 통해 2차 산업혁명을 주도하며 세계경제의 새로운 강자로 부상했다. 특히 전기의 상용화는 전기공업, 전신·전화 등 통신산업, 가전제품과 같은 새로운 산업을 탄생시켰고, 새로운 일자리를 창출했다. 전기 시스템을 설계하고 유지 보수하는 전기 엔지니어, 전기네트워크를 구축하는 전선 설치공, 전기를 생산하고 관리하는 발전소 운영자, 전기모터를 활용한 기계를 운용하는 전기기계 조작원 등의 일자리가 처음 생겨났다. 이들은 산업화된 도시에서 새로운 중산층으로 떠오르며 사회적 · 경제적 변화를 주도하는 주류가 되었다.

20세기에 접어들면서 미국은 자동차, 전기·전자, 군수 산업에서 독보적 우위를 차지하며 세계경제의 패권을 장악했다. 당시 기술이 세상을 바꾼 대표적 사례가 포드 자동차다. 헨리 포드는 컨베이어벨트 조립라인을 도입해 생산성을 혁신적으로 높여 자동차 가격을 3분의 1 수준으로 낮췄다. 그 결과 교통수단이 말에서 자동차로 빠르게 대체되며 자동차 보급이 전 세계로 확산되었다. 기술혁신은 새로운 산업과 일자리를 창출하여 경제성장을 이끄는 동시에, 국제사회에서 영향력과 지위를 결정하는 전략적 자원으로 작용한다.

20세기 중반 이후, 미국은 컴퓨터, 인터넷, 반도체, 정보통신기술을 중심으로 3차 산업혁명을 주도하며 전 세계 기술 패권을 완전히 장악했다. 미국은 인간의 삶을 디지털화하고, 국경을 초월한 디지털경제를 확산시켰으며, 지식 기반 사회를 형성하는 데 주도적 역할을 해왔다. 실리콘밸리는 IT산업의 중심으로 자리 잡으며 혁신의 중심지가 되었고 구글, 애플, 마이크로소프트와 같은 빅테크 기업들이 전 세계 기술 패권을 주도하는 시대를 열었다. 미국은 독보적인 기술적 우위를 확보하며 다른 나라와 격차를 크게 벌리고, 글로벌시장을 선도하여 경제적·정치적·군사적 영향력을 행사하였다.

21세기 들어, 미국은 인공지능, 빅데이터, 클라우드, 사물인터넷, 5G, 자율주행, 바이오테크 등 첨단 기술을 기반으로 4차 산업혁명을 주도하며 글로벌 기술 패권을 더욱 공고히 하고 있다. 특히 인공지능과 데이터 혁명은 생산성을 극대화하고 산업 전반의 디지털전환을 가속화하며 인간과 기계의 협업을 중심으로 한 새로운 경제 패러다임을 형성하고 있다. 구글, 아마존, 마이크로소프트, 테슬라 같은 빅테크 기업이 인공지능, 클라우드, 전기차, 로봇, 바이오테크 등의 혁신을 선도 및 선점하며 세계경제를 지배하고 있다. 미국은 이러한 기술력을 바탕으로 자율주행, 스마트팩토리, 디지털금융 등 신산업을 개척하며 글로벌 기술 표준을 제정하고, 글로벌시장의 흐름을 결정하는 절대 강자가 되었다. 또한 미국의 기술 역량은 단순한 경제적 우위를 넘어 군사와 안보까지 지배하는 전략적 무기로도 작동한다. 예를 들어 인공지능 기반 군사 시스템, 디지털 감시 네트워크, 사이버 전쟁 등은 글로벌 안보 지형을 통제하는 도구가 되었으며 반도체, 인공지능 칩, 클라우드 기술 독점은 세계 공급망을 장악하는 무기가 되었다. 미국은 혁신을 선점한 국가만이 글로벌 패권을 유지할 수 있음을 다시 한번 증명하며 독보적인 기술 강국으로 군림하고 있다.

산업혁명의 역사에서 볼 수 있듯이 기술혁신은 패권국이 되기 위한 가장 중요한 핵심 요소이다. 이러한 현상은 갈수록 심화되고 있다. 특히 미래는 인공지능기술을 가진 국가와 그렇지 못한 국가로 나뉘며, 인공지능기술을 선점한 나라가 그렇지 못한 나라를 통제할 것이라는 견해가 지배적이다. '인공지능기술 종속'이라는 말이 회자되는 이유다.

인공지능, 4차 산업혁명의 승부수

왜 인공지능인가? 인공지능은 단순한 기술혁신을 넘어 산업과 경제, 군사와 안보, 그리고 인간의 삶 전반을 재편하는 게임체인저로서 4차 산업혁명의 핵심 동력이기 때문이다. 인공지능은 데이터를 학습하고 분석하며 스스로 판단하는 능력을 갖춰 생산성을 폭발적으로 높이고, 산업 자동화와 지능형 의사결정을 통해 경제 패러다임을 근본적으로 변화시키고 있다. 특히 컴퓨터비전, 패턴인식, 객체인식, 증강현실, 자연어처리 등의 인공지능기술들이 기존 산업에 접목되면서 자율주행, 스마트팩토리, 인공지능 의료진단, 금융혁신 등 새로운 산업 생태계가 형성되고 있다.

자율주행 자동차산업의 주체는 누구일까? 자율주행 자동차는 기존 자동차산업에 인공지능기술을 융합하여 탄생한 대표적인 혁신 사례로 알려져 있다. 인공지능기술로 차량이 스스로 주행 환경을 인식하고, 데이터를 학습하며, 실시간으로 최적의 주행 경로를 결정하는 자율주행 자동차가 구현되는 것이다. 이런 변화 속에서 테슬라를 비롯한 인공지능 기반 기업들이 전통적인 자동차 제조사를 넘어 자동차산업의 주체로 떠오르고 있다. 이제 자동차는 인공지능, 빅데이터, 클라우드, 센서 기술이 결합된 '이동형 슈퍼컴퓨터'로 진화하고 있으며, 산업의 경계가 모호해지면서 인공지능기술을 선도하는 기업이 자동차산업을 주도할 것으로 전망되고 있다. 핵심은 기술 소유권과 주도권이다.

마찬가지로 한 국가의 군사력 역시 인공지능기술력으로 승자를 가리는 시대가 되었다. 센서, 카메라, 레이더 등으로 데이터를 분석해 자동으로 목표를 식별하고 공격할 수 있도록 설계된 자율살상무기시스템autonomous weapon system, 정찰·경계 시스템, 사이버전 등 누가 인공지능을 방위산업에 잘 접목하느냐에 따라 전쟁의 승패가 나뉠 것으로 전망된다. 국가적 차원에서 보면, 인공지능은 단순 기술을 넘어 국가의 미래를 좌우할 전략적 무기로 글로벌 패권을 결정짓는 핵심 요소가 될 것이다. 세계 강대국들이 인공지능 개발과 투자에 국가적 역량을 집중하는 이유도 여기에 있다.

현재 인공지능 패권국은 미국이지만, 중국의 추격이 거세지고 있다. 미국은 인공지능 반도체, 클라우드 인프라, 초거대 인공지능 모델 등에서 압도적 기술 우위를 점하고 있지만, 인공지능 패권을 계속 유지하기 위해 강력한 대중 첨단 기술 봉쇄 정책을 시행하고 있다. 몇 년 전부터 미국 정부는 엔비디아와 퀄컴 등 주요 반도체 기업의 인공지능 칩이 중국으로 수출되지 못하도록 엄격히 금지했고, 글로벌 반도체 공급망을 장악해 중국이 첨단 칩을 확보하지 못하도록 차단해 왔다. 한국, 대만, 일본에도 영향력을 행사해 중국에 인공지능 반도체를 판매하지 못하도록 통제하고 있다. 또한 센스타임, 메그비, 아이플라이텍 등 중국의 주요 인공지능 기업을 블랙리스트에 올려 국제 협력을 원천 봉쇄하여 중국 인공지능 기업이 미국의 기술을 활용하지 못하도록 하였다. 더 나아가 미국은 인공지능, 5G를 비롯한 중국의 첨단 기술 제품이 자국 시장에 진입하는 것 역시 강력하게 금지했다. 미국의 이러한 일련의 조치는 중국에 패권을 빼앗길 위기감을 느꼈다는 반증일 것이다.

이에 맞서 중국은 기술 자립의 길을 선택했다. 인공지능을 국가 전략사업으로 지정하고, 연구개발에 막대한 예산을 투자하며 독자적인 인공지능산업 생태계를 구축해 나가고 있다. 혹자는 미국의 봉쇄정책이 중국의 인공지능기술혁신에 불을 당겼다는 평가를 내놓고 있다.

딥시크 쇼크, 세계를 뒤흔들다

미국 정부의 강력한 기술 봉쇄 속에서 중국 정부는 '과학기술 자립자강'을 외치며 정면 돌파에 나섰다. 중국은 외부 의존도를 줄이고 독자적 기술혁신을 가속화하며, 나아가 핵심 원천기술까지 독자적으로 확보하겠다는 목표를 가지고 있다. 이러한 기조에서 출현한 중국의 딥시크는 전 세계를 놀라게 했다. 2023년 7월 설립된, 창업 2년도 채 안 된 중국 스타트업이 미국의 빅테크 기업에 버금가는 인공지능기술을 만들어 냈기 때문이다. 미래의 새로운 변화 가능성이라는 측면에서, 세계가 딥시크에 주목하는 상징적 의미를 생각해 볼 필요가 있다.

첫째, 딥시크가 독자적인 기술혁신으로 획기적인 성과를 이루어 냈다는 점이다. 미국의 강력한 기술 봉쇄와 제재를 뚫고 이룬 성과라는 점에서 그 의미가 크다. 미국은 엔비디아의 고성능 칩 수출을 금지하고, 중국 기업들이 미국 인공지능 소프트웨어와 클라우드서비스를 이용하지 못하도록 차단했으며, 국제 인공지능 공동연구와 협력 네트워크에서도 중국을 배제시켰다. 이렇게 철저히 고립된 상황에서도 딥시크는 중국 내 연구개발 역량과 정부의 강력한 지원을 바탕으로 미국의 기술 장벽을 돌파하여 독자적인 인공지능 혁신을 이뤄 낸 것이다. 이는 외부에 의지하거나 종속되지 않고도 자체적으로 최고의 기술을 확보할 수 있다는 가능성을 보여 주었다는 점에서 우리에게도 시사하는 바가 크다.

둘째, 미국 인공지능 모델과 대등한 성능으로 글로벌경쟁력을 입증했다는 점이다. 성능 면에서 딥시크의 대규모 언어 모델LLM이 미국 오픈AI의 GPT, 구글의 Gemini, 앤트로픽의 Claude 등과 대등한 수준이라는 평가를 받고 있다. 이러한 성과는 그동안 초격차 기술로 독주해 온 미국의 인공지능기술에 균열을 일으키며, 중국이 글로벌 인공지능 시장에서 미국과 어깨를 나란히 할 수 있다는 가능성을 열어 주었다는 점에서 의미가 있다.

셋째, 저비용으로 고성능 인공지능 모델을 개발했다는 점이다. 미국 정부의 수출금지 조치로 엔비디아의 저사양 GPU를 사용했음에도 불구하고 우수한 성능의 모델을 개발했다. 이는 인공지능 기술을 좀 더 빠르게 산업에 접목할 수 있는 기반을 마련하고, 인공지능의 대중화와 상용화를 앞당기는 데 중요한 역할을 할 것으로 예상된다. 지금까지 인공지능은 미국이 독보적인 기술 우위를 점하고 있는 분야로, 한국을 비롯한 많은 국가가 기술격차를 따라잡기 어렵다고 생각했다. 이런 상황에서 딥시크의 추격은 우리도 할 수 있다는 희망과 가능성을 보여 주었다는 점에서 전 세계의 주목을 받고 있다.

넷째, 미국 중심의 인공지능 생태계에서 벗어나 독자적으로 자립할 수 있다는 가능성을 보여 주었다. 절대다수의 국가가 현재 인공지능기술과 산업은 전적으로 미국의 기술, 인프라, 소프트웨어, 반도체, 연구 네트워크 등에 의존하고 있다. 그러나 중국은 '과학기술 자립자강' 전략으로 핵심 기술과 장비의 국산화 및 기술 공급망의 자립화를 추진해 왔다. 딥시크는 이러한 정책의 성공적인 결과물이라고 할 수 있다. 그동안 인공지능 패권은 미국의 빅테크 기업들이 주도해 왔지만, 딥시크의 등장은 기술 종속에서 벗어나 인공지능 시장의 다극화 가능성을 높였다는 점에서 의미가 있다.

다섯째, 딥시크의 등장은 글로벌 인공지능 패권 경쟁의 구도를 바꿀 수 있는 새로운 변수로 떠오르고 있다. 지금까지 인공지능산업은 미국이 압도적으로 주도해 왔지만, 딥시크를 비롯한 중국의 인공지능 기업들이 빠르게 성장하며 미국과의 기술격차를 좁히고 있다. 인공지능은 단순한 기술 경쟁을 넘어 경제, 군사, 외교 등 다양한 분야의 패권 경쟁에도 영향을 미칠 것으로 예상되는바, 세계 패권국으로서 미국의 위상이 흔들릴 가능성도 배제할 수 없다.

딥시크가 촉발한 변화의 파장은 이제 시작에 불과하다. 글로벌 기업은 물론 스타트업까지 경쟁에 가세하면서 인공지능 시장의 경계가 점차 허물어지고 전 세계 인공지능 기업의 경쟁이 더욱 치열해질 것으로 전망된다.

딥시크를 통해 본 한국 정책의 방향성

딥시크의 등장은 우리를 비롯한 전 세계 많은 국가에 큰 기대감을 안겨 주었다. 인공지능 패권이 결코 특정 국가의 고유 영역이 아니며 새로운 기술 강국이 언제든지 부상할 수 있다는 가능성을 보여 주었기 때문이다.

국가적 차원에서 볼 때 인공지능기술혁신은 더 이상 선택이 아니라 생존의 문제다. 기술을 선점한 국가가 글로벌경제의 주도권을 확보하고, 안보 측면에서도 우위를 점할 수 있기 때문이다. 반대로 인공지능기술을 육성하지 않는 국가는 단순히 기술경쟁력에서 뒤처지는 것이 아니라 기술 종속의 위험까지 감수해야 한다.

딥시크의 혁신은 스타트업이 이룬 성과라는 점에서 더욱 의미가 크다. 인공지능산업은 그동안 막대한 자본과 인프라를 갖춘 글로벌 빅테크 기업들이 주도해 왔다. 그러나 딥시크는 상대적으로 짧은 시간과 한정된 자원으로 인공지능기술혁신을 이뤄냈다. 이는 기술력과 정부의 전략이 뒷받침된다면, 스타트업 역시 인공지능 시장에서 충분히 경쟁력을 가질 수 있음을 시사한다.

우리도 인공지능 강국이 되기 위해 인프라를 구축하고 연구개발을 강화하며 스타트업이 성장할 수 있는 환경을 조성하는 것이 필수적이다. 인공지능산업의 변화를 주도할 것인가, 아니면 뒤처질 것인가의 기로에서 단시간에 급성장한 딥시크 사례를 통해 앞으로 우리가 나아가야 할 스타트업 지원 방향을 생각해 볼 수 있다.

명확한 목표설정과 체계적 정책 실행

딥시크와 같은 역량 있는 스타트업을 배출하기 위해서는 국가의 명확한 목표설정과 장기적이고 체계적인 정책이 뒷받침되어야 한다. 국가가 분명한 비전을 제시하면 스타트업은 장기적인 연구개발에 집중할 수 있는 방향성을 가질 수 있고, 설령 실패하더라도 축적된 실력은 자산이 된다. 또한 단기적 성과에 구애받지 않고 지속 가능한 혁신을 이끌어 낼 수 있는 도전적인 기업 문화가 형성되며, 신기술 개발과 창의적인 아이디어 실현이 더욱 활발하게 이루어질 수 있는 환경이 조성된다.

중국 정부는 오래전부터 인공지능을 국가전략산업으로 지정하고 장기적인 로드맵을 수립하여 꾸준히 실행해 오고 있다. 2017년 발표한 '차세대 인공지능 발전계획'은 2030년까지 중국을 세계 최고의 인공지능 강국으로 만들겠다는 뚜렷한 목표를 담은 국가전략으로 3단계 로드맵을 제시한다.

1단계 목표는 2020년까지 인공지능기술 및 산업의 기반을 구축하는 것이다. 인공지능 기초연구를 세계적 수준으로 끌어올리고, 스마트 제조, 스마트도시, 의료 인공지능 등 특정 산업에서 인공지능을 도입하겠다는 것이 주요 골자이다. 또한 머신러닝, 자연어처리, 컴퓨터비전 등 핵심기술을 확보하고 인공지능 관련 법규와 윤리 체계를 마련하기 시작한다는 계획이다.

2단계 목표는 2025년까지 인공지능산업의 글로벌경쟁력을 확보하는 것이다. 주요 인공지능산업에서 세계를 선도하는 위치를 점하고, 제조, 금융, 의료, 교육 등 다양한 산업에 인공지능기술이 폭넓게 적용될 수 있도록 한다는 것이 주요 내용이다. 또한 인공지능 칩, 알고리즘, 소프트웨어 등의 기술 자립도를 높이고, 법규와 규제 체계를 정비한다는 전략이다.

3단계 목표는 2030년까지 인공지능 강국으로 도약하는 것이다. 인공지능 기초 이론과 핵심기술에서 선도적 위치를 확보하고, 인공지능이 경제, 군사, 사회 시스템 전반에 걸쳐 활용되도록 한다는 내용이다. 또한 인공지능 윤리 및 법률 체계를 완비하고, 세계적인 인공지능 연구센터와 인재 양성 시스템을 구축하여 글로벌 인공지능 혁신을 주도하겠다는 청사진을 가지고 있다.

무엇보다 중요한 것은 실행력이다. 중국은 구체적인 계획이 일사불란하게 진행되어 목표가 순조롭게 달성되는 분위기다. 명확한 목표설정과 구체적 전략 발표 이후 실제로 중국은 인공지능이 급속도로 성장했다. 중국은 세계 최대 인공지능 투자국 중 하나가 되었고, 정부와 민간기업이 적극적으로 인공지능 연구개발을 지원하고 있다. 화웨이, 바이두, 알리바바, 텐센트와 같은 빅테크 기업이 인공지능 연구를 주도하며 인공지능 칩 개발, 자연어처리, 컴퓨터비전, 자율주행 등 다양한 분야에서 혁신을 이루고 있다. 특히 인공지능 분야 논문과 특허 출원 수에서 세계 1위를 기록하며 기술 연구 분야에서도 글로벌 리더로 자리매김하고 있다. 이러한 기술력을 바탕으로 안면인식, 자율주행, 스마트 제조, 의료분야 인공지능 등 인공지능기술을 다양한 산업에 접목하였고, 미국과 함께 글로벌 인공지능 패권 경쟁의 한 축을 형성했다.

중국은 명확한 국가전략과 단계별 정책 실행을 통해 인공지능 산업을 체계적으로 육성하며, 딥시크와 같은 혁신적인 스타트업이 성장할 수 있는 환경을 조성했다. 또한 뚜렷한 목표설정과 지속적인 지원은 연구개발 단계를 넘어 산업 전반으로 연계되며 기술적 실행력을 보여 주었다.

이에 비해 한국은 어떠한가? 한국 정부도 인공지능을 미래성장 동력으로 설정하고 스타트업 지원 정책을 추진 중이지만, 국가의 장기적 비전과 정책의 연계성 부족으로 정부 지원이 단기적이고 산발적인 경우가 많다. 또한 정책에 대한 평가와 후속 조치가 잘 이루어지지 않아 중복 투자가 빈번하게 발생하고 있는 것이 현실이다.

인공지능산업의 발전은 단기간에 이루어지는 것이 아니라 일관된 목표와 지속적인 정책적 관심, 그리고 전폭적인 지원이 뒷받침될 때 결실을 맺을 수 있다. 단순히 개별 기업의 기술력 향상을 강조하기보다, 장기적인 관점에서 우리의 강점이 무엇인지 파악하여 필요한 기술에 집중투자하고, 인공지능 생태계를 체계적으로 조성하는 것이 중요하다. 그러한 과정에서 연구개발, 산업 적용, 자본투자, 인재 육성을 유기적으로 연결하여 국가경쟁력을 키우는 전략적 접근이 필요하다.

데이터센터와 클라우드 컴퓨팅

충분한 인프라가 갖춰지지 않으면 기업은 혁신적인 기술개발이나 규모를 확장하는 데 어려움을 겪기 마련이다. 특히 인공지능기술개발은 고도의 계산능력과 데이터처리 환경이 필수적이기 때문에 인프라 구축이 더욱 중요하다. 딥시크와 같은 스타트업이 빠르게 성장할 수 있었던 배경에는 중국 정부의 적극적인 기술 인프라 정책이 큰 역할을 했다고 해도 과언이 아니다.

중국 정부는 스타트업 생태계에서 기술 인프라를 강화하기 위해 데이터센터와 클라우드컴퓨팅에 대한 투자를 오래전부터 확대해 왔다. 데이터센터는 대규모 데이터를 저장하고 처리하는 핵심 시설로, 중국 정부과 빅테크 기업들은 전국 곳곳에 고성능 데이터센터를 구축하여 스타트업이 편리하게 데이터에 접근할 수 있도록 지원하고 있다.

클라우드컴퓨팅은 이러한 데이터센터를 기반으로 제공되는 서비스로, 대규모 데이터를 처리할 수 있는 고성능 연산 인프라다. 그러나 스타트업은 자체적으로 데이터센터를 구축하거나 클라우드컴퓨팅 시스템을 구축할 만한 자금력과 기술력이 없는 것이 현실이다.

이에 중국 정부는 데이터센터 구축을 직접 주도하고 알리바바, 텐센트, 화웨이 등 빅테크 기업과 협력하여 인공지능 스타트업을 비롯한 인공지능 기업들이 저렴한 비용으로 클라우드컴퓨팅에 보다 쉽게 접근할 수 있도록 지원하고 있다. 상하이는 저렴한 비용으로, 선전은 보조금 정책으로 스타트업이 의미 있는 혁신에 참여할 수 있는 환경을 조성하고 있다.

이러한 클라우드컴퓨팅 지원을 통해 스타트업은 빅데이터 분석, 인공지능, 사물인터넷 등 첨단 기술에 대한 진입 장벽이 낮아져 혁신적인 비즈니스 모델을 신속하게 개발하고 출시하는 것이 가능해졌다. 이러한 인프라 확충은 중국 스타트업의 기술 역량을 강화하고, 글로벌시장에서 경쟁력을 높이는 데 기여하고 있다. 딥시크가 인공지능 모델을 효율적으로 학습시키고 지속해서 성능을 개선하여 인공지능 모델을 개발·배포할 수 있었던 것도 정부의 인프라 지원 정책이 중요한 역할을 했다고 볼 수 있다.

한국의 경우 스타트업이 대규모 인공지능 모델을 학습하고 연구를 지속할 수 있도록 돕는 연산 인프라와 정책 지원이 상대적으로 부족한 실정이다. 무엇보다 공공 인공지능 컴퓨팅 인프라를 구축하는 일이 시급하다. 한국도 정부 주도의 대규모 데이터센터와 클라우드컴퓨팅 시스템을 구축하고, 민간기업과 협력하여 스타트업과 연구기관에 개방하는 정책을 추진할 필요가 있다. 중국이 보조금 정책을 통해 혁신기업의 성장을 촉진한 것처럼, 한국도 인공지능 스타트업이 고성능 클라우드와 연산 자원을 저렴하게 활용할 수 있도록 보조금을 제공 및 확대하고, 세제 혜택을 강화하는 방안을 강구해야 한다.

데이터 규제완화

중국은 방대한 데이터를 기반으로 인공지능기술을 발전시키는 데 유리한 조건을 갖추고 있으며, 이는 딥시크와 같은 스타트업이 빠르게 성장할 수 있는 토대를 제공했다. 중국의 데이터 환경과 정책의 특징은 다음 세 가지로 요약할 수 있다.

첫째, 방대한 데이터의 활용이다. 중국은 14억 명의 인구를 보유한 세계 최대 데이터 생산국 중 하나로, 모바일결제, 소셜네트워크서비스SNS, 이커머스 등 디지털플랫폼이 활성화되어 있다. 알리페이와 위챗페이와 같은 모바일결제 시스템은 매일 수억 건의 거래데이터를 생성하고, 틱톡과 웨이보 같은 소셜네트워크서비스 플랫폼에서는 사용자 행동 데이터를 실시간으로 수집할 수 있다. 스타트업은 이러한 방대한 데이터를 활용해 인공지능 모델을 학습시키고, 고성능의 정확한 알고리즘을 개발하는 등 데이터 기반의 혁신적인 인공지능 솔루션 구현이 가능하다.

둘째, 중국은 데이터 수집과 활용에 대해 유연한 정책을 펴고 있다. 중국 정부는 인공지능산업 발전을 위해 개인정보보호 규제를 하지만 데이터수집에 있어서는 비교적 관대한 정책을 세워 기업이 대규모 데이터를 확보하여 인공지능 모델을 학습시키는 데 유리한 환경을 조성했다. 딥시크는 스타트업임에도 불구하고 방대한 데이터에 접근할 수 있었기 때문에 정확도와 성능이 우수한 모델을 개발할 수 있었다.

셋째, 데이터 기반의 인공지능 생태계를 조성했다. 중국은 데이터를 단순 정보가 아닌 자산으로 간주하고 데이터 거래시장을 활성화했다. 중국국가데이터국에 의하면 2024년 중국의 데이터 시장 거래 규모는 약 31조 원에 달한다. 베이징, 상하이, 선전 등 주요 도시에는 데이터거래소가 설립되어 기업 간 데이터 공유와 거래가 활발하게 이루어지고, 기업들은 이를 통해 필요한 데이터를 신속하게 합법적으로 확보할 수 있는 환경을 갖추었다. 스타트업은 자체적으로 확보하기 어려운 데이터를 데이터거래소를 통해 산업 맞춤형 데이터 세트를 확보하여 인공지능 모델을 만드는 데 사용한다.

중국 정부는 원활한 데이터 활용을 위해 데이터 보안과 개인정보보호 기술에도 집중투자했다. 인공지능산업이 발전하면서 데이터 보안과 개인정보보호에 대한 사회적 관심이 높아지면서, 중국은 블록체인, 동형암호화, 연합학습 등의 기술을 도입해 데이터를 안전하게 활용할 수 있는 여건을 만들었다. 이러한 기술은 데이터 소유자의 정보를 보호하면서도 인공지능 모델 학습에 필요한 데이터를 안전하게 공유할 수 있도록 지원하며, 인공지능 업체들이 보안 문제를 최소화하면서도 인공지능 연구개발을 지속할 수 있도록 한다. 이처럼 중국은 데이터 거래시장과 보안기술을 함께 발전시키며, 인공지능 생태계가 안정적으로 성장할 수 있는 기반을 마련했다.

한국은 개인정보보호 규제가 엄격하여 인공지능 스타트업이 데이터를 수집하고 활용하는 데 어려움을 겪고 있다. 데이터 거래시장이 불합리한 가격과 유통채널 부족으로 제대로 성숙되지 못했다는 지적도 있다. 그러나 인공지능산업이 발전하려면 양질의 대규모 데이터를 확보하는 것이 필수다. 공공데이터를 적극 개방하고, 동형암호와 같은 기술을 활용해 개인정보를 보호하면서도 데이터 활용성을 더욱 높이는 정책을 추진해야 한다. 데이터 규제샌드박스 적용도 하나의 방법이 될 수 있을 것이다.

딥시크를 통해 중국의 인공지능기술혁신이 단기간에 급성장한 것을 확인할 수 있었다. 그리고 여기에는 무엇보다 정부의 역할이 중요하게 작용했다. 인공지능 시장을 누가 더 빨리 선점하느냐에 따라 산업경쟁력과 국가경쟁력의 판도가 달라진다. 인공지능을 선점하기 위해 미국과 중국을 비롯한 많은 나라가 엎치락뒤치락하며 치열한 경쟁을 벌이고 있다. 지금은 인공지능 혼란의 시대이자, 동시에 속도전의 시대다. 한국도 뚜렷한 목표를 세우고 '우리도 할 수 있다'는 자신감을 바탕으로 스타트업과 함께 빠른 실행력으로 시장을 선점한다면 인공지능 3대 강국은 현실이 될 것이다.

주

1 Creative Owner, 2024. 9. 25., "'시리즈 A, B, C…' 스타트업 투자 라운드 개념 정리", 요즘IT, https://yozm.wishket.com/magazine/detail/2234/

2 미국의 기업들이 본사를 다른 지역으로 옮기는 사례는 드물지 않다. 특히 이 중 상당수는 경제적 여건이나 지방정부의 매력적인 제안에 이끌린 경우다. 그 대표적인 사례가 바로 테슬라이다. 일론 머스크는 테슬라의 본사를 캘리포니아에서 텍사스 오스틴으로 이전했다. 텍사스주는 테슬라에 대한 세금 감면 혜택과 친기업적인 정책을 제공하며 적극적으로 유치했다. 더불어 텍사스주는 자동차산업 생태계가 잘 발달되어 있었으므로 향후 테슬라의 생산 시설 확장이란 목표에도 유리한 환경을 제공할 수 있었다. 오라클 역시 텍사스주 오스틴으로 본사를 이전했다. 2020년 11월, 오라클은 1989년부터 둥지를 틀고 있었고 자신의 성공을 가꿔 냈던 캘리포니아주 레드우드 쇼어스(Redwood Shores)를 버리는 결정을 했다. 그 이유는 테슬라와 마찬가지로 매력적인 세제 혜택과 친기업적인 환경으로 알려져 있다.

3 대안부채(alternative debt), 복합 금융상품(hybrid instruments), 지분(equity) 등 금융시장용 자금을 제공하는 것도 포함된다.

4 스페인, 독일, 프랑스 각 10억 유로, 이탈리아 1억 5천만 유로, 벨기에 1억 유로, EIB그룹 5억 유로를 약정함.

5 벨기에: Vlerick Business School, 네덜란드: Rotterdam School of Management, 프랑스: ESSEC Business School, 스페인: ESADE Business School, 포르투갈: Nova School of Business and Economics, 독일: WHU Otto Beisheim School of Management

6 김주희·정애린·김선우, 2002, 「국내 유니콘 기업군의 실태분석과 특징에 관한 연구」.

7 한국경제인협회, 2023, 「유니콘기업 주요국 비교(최근 5년)」.

8 CB Insights, 2023, 「State of Venture 2023 Report」.

9 PitchBook-NVCA Venture Monitor.

10 한국경제인협회, 2023, 「유니콘기업 주요국 비교(최근 5년)」.

11 김원경 · 허문구, 2023, 「중국의 IT 유니콘기업에 대한 탐색적 연구」.

12 한국무역협회, 2023, 「스케일업을 위한 스타트업 생태계 국제비교 및 진단」.

13 CB Insights, 2023, 「State of Venture 2023 Report」.

14 드라이파우더(dry powder)는 사모펀드가 투자자로부터 모은 투자금 중 아직 투자를 집행하지 않은 돈을 의미한다.

15 한국경제인협회, 2023, 「유니콘기업 주요국 비교」.

참고문헌

들어가며

김세형 외, 2023, 「대한민국, 선진국의 조건」, 시공사.

1부

1장

- 금융위원회, 2024, "벤처투자 글로벌화 추진 전략", 「금융위원회 정책보고서」.
- 일본 경제산업성(METI), 2025, "자산운용입국 정책 개요", METI Japan, https://www.meti.go.jp.
- 프랑스 경제부, 2024, "프렌치테크 비자 제도 개편안", La French Tech, https://www.lafrenchtech으.com.
- 한국벤처캐피탈협회, 2024, "2024 한국 벤처펀드 시장 현황", 「한국벤처캐피탈협회 보고서」.
- Bain & Company, 2023, "India's Unicorn Boom and Economic Impact", Bain & Company, https://www.bain.com.

- CB Insights, 2024, *The Global Unicorn Report*, New York: CB Insights.
- CB Insights, 2025, "2025 Unicorn Trends and Future Predictions", CB Insights,https://www.cbinsights.com.
- Forbes, 2024. 3., "The Valuation of OpenAI and Anthropic in 2024", Forbes, https://www.forbes.com.
- Hurun Report, 2025, "Global Unicorn Index 2025", Hurun Report, https://www.hurun.net.
- NASSCOM, 2023, "The Impact of Unicorns on India's GDP Growth", *Journal of Indian Economy*, 12(3): 45~67.
- National Venture Capital Association (NVCA), 2023, "US Venture Capital Investment Report 2023", NVCA, https://www.nvca.org.
- Nikkei Asia, 2024. 1., "Japan's New Startup Visa Policy for 2025", Nikkei Asia, https://www.asia.nikkei.com.
- PitchBook, 2024, "AI and DeepTech Investment Trends", PitchBook, https://www.pitchbook.com.
- PwC, 2024, "M&A as the Primary Exit Strategy for Startups", *Venture Capital Review*, 28(1): 15~29.
- TechCrunch, 2024, "AI Unicorns' Rapid Growth in 2024", TechCrunch, https://www.techcrunch.com.

2장

- Creative Owner, 2023. 9. 19., "'시리즈 A, B, C…' 스타트업 투자 라운드 개념 정리", 요즘IT, https://yozm.wishket.com/magazine/detail/2234.
- https://thevc.kr(더 브이씨(The VC) 한국 스타트업 투자 데이터베이스).

3장

- Byun, B., 2021, *The History of Brightland*, The Institute of Brilliant Failure.
- Kline, S. J., 1985, "Innovation is not a linear process", *Research management*, 28(4):36~45.
- Leydesdorff, L., & Etzkowitz, H., 1998, "The triple helix as a model for innovation studies", *Science and public policy*, 25(3):195~203.
- OECD, 1999, *Managing National Systems of Innovation*, OECD Publishing.
- Voss, C. A., 1984, Technology push and need pull: A new perspective, *R&D Management*, 14(3): 147~151.
- https://www.brightlands.com(브라이트랜드 홈페이지).

4장

- 고영선, 2024, "더 많은 대기업 일자리가 필요하다", 「KDI Focus」, No.130, 한국개발연구원.
- 교육부, 2023. 2. 1., "지역혁신중심 대학지원체계 구축방안".
- 교육부, 2023. 4. 18., "글로컬대학 30 추진방안(확정안)".
- 중소벤처기업부 보도자료, 2023. 2. 10., "2022년 국내 거대신생기업(유니콘기업)은 22개사".
- 황재선, 2022. 3. 10., "영국 메드시티로… '진출 기업에 네트워킹·투자 지원'", HIT NEWS, http://www.hitnews.co.kr/news/articleView.html? idxno=38549.
- Epaminondas Christophilopoulos et al., 2022. 1. 27., "Testing the 'Thing from The Future Minecraft Education edition' with secondary education students.", Journal of Futures Studies, https://jfsdigital.

org/2022/01/26/testing-the-thing-from-the-future-minecraft-education-edition-with-secondary-education-students.

- https://ncsesdata.nsf.gov/profiles/site?method=rankingBySource&ds=herd(미국 국립과학재단 홈페이지).

5장

- 박재민, 2021, "원래 그런 건 없다, 혁신 보틀넥", 「혁신의 연장통」, SERICEO, https://www.sericeo.org/general/GeneralProgramMain/gmenu/01J1.
- 박재민, 2023, "냅킨 매직, 비즈니스 로직", 「혁신의 연장통」, SERICEO, https://www.sericeo.org/general/GeneralProgramMain/gmenu/01J1
- 박재민, 2023, "다시 시작한다면", 「혁신의 연장통」, SERICEO, https://www.sericeo.org/general/GeneralProgramMain/gmenu/01J1
- Drucker, P. F., 1994, "The Theory of the Business", *Harvard Business Review*, 72(5): 95–104.
- Iansiti, M., Lakhani, K. R., Mayer, H., Herman, K., Wigen, A. J., and Habeeb, D., 2023, "Moderna", *Harvard Business School Case*, 623~703.
- Kim, W. C., and Mauborgne, R., 2004, "Blue Ocean Strategy", *Harvard Business Review*, 82(10): 76~84.
- Pisano, G. P., 2015, "You Need an Innovation Strategy", *Harvard Business Review*, 93(6): 44~54.
- Wilson, J. and Bataller, C., 2015, "How People Will Use AI to Do Their Jobs Better'", *Harvard Business Review Digital Article*.

2부

6장

- OECD, 2022, *Financing Growth and Turning Data into Business: Helping SMEs Scale Up*, OECD Studies on SMEs and Entrepreneurship, OECD Publishing, Paris.
- Tech Nation, 2024. 5. 19., "Meet the Future Fifty cohort 2024", https://technation.io/meet-the-future-fifty-cohort-of-2024.
- https://landingpad.future.hamburg/scaleups(Scaleup Landing Pad Hamburg).
- https://www.j-startup.go.jp/about/(J-스타트업 홈페이지).

7장

- 서울특별시, 2023. 6. 21., "서울시, 2030년 세계 최대 창업허브 개관...글로벌 유니콘 50개 키운다" 발췌.
- 서울특별시, 2024,「2024년 서울시 창업지원시설 성과공유 세미나 보고서」.
- 안상현, 2024. 7. 1., "벤처는 늘었지만… 첨단 유니콘 기업은 안 나오네", 조선일보.
- 중소벤처기업부, 2024. 3. 4.,「글로벌 유니콘 프로젝트」참여기업 모집 및 지원계획 통합 공고.
- 중소벤처기업부, 2024. 5. 20.,「우주, 항공 등 초격차 창업기업(스타트업) 본격 육성한다」.
- 한국경제인협회, 2023. 6. 21., "한국 유니콘 글로벌 비중, 기업수, 기업가치 위축(19년 대비 23년)".
- CB-Insights. 2024. 9. 30., "Global Unicorn Club: Private Companies Valued at $1B+".

- https://www.cbinsights.com/research-unicorn-companies(CB-Insights).

저자 소개

김세형 고려대학교 경제학과 졸업, 버클리대학 연수, 동국대언론대학원 수학했다. 1983년 매일경제신문사에 입사하여 정치, 증권부등을 거쳐 편집국장 논설실장 주필등을 역임했다. 주로 금융 정치 산업분야에서 활동하였으며 삼성언론인상 장지연언론상 참언론상 장한고대언론인상을 탔다. 대통령실 국민경제자문위원, 대법원양형위자문위원, 신문편집윤리위원회위원을 역임했다.「대한민국 선진국의 조건(2022)」,「실리콘밸리기업성공」「모나리자 가격은 얼마인가」 등의 책을 펴냈다.

정유신 서강대학교 경영학과 교수와 핀테크산업협회 디지털경제금융연구원장으로 재직 중이며, SC은행 부행장, SC증권 대표이사, 중기부 산하 한국벤처투자 대표이사, 금융위 산하 핀테크지원센터장 등을 역임했다. 주요 저서로는「핀테크, 기회를 잡아라(2015, 한국경제신문사)」,「중국이 이긴다(2018, 지식노마드)」,「애프터 코로나 투자의 미래(공저, 2020, 한스미디어)」,「인간을 위한 미래(공저, 2020, 클라우드나인)」이 있다.

주재욱 코넬대학교에서 응용경제학으로 박사학위를 취득하고, 정보통신정책연구원 연구위원을 역임했으며, 현재 서울연구원 경제혁신연구실에서 연구위원으로 재직하고 있다. 주로 데이터를 활용한 계량적 실증연구를 수행하고 있고, 특히 ICT 산업을 다룬다. 주요 연구로 「서울시 AI산업 실태분석과 발전방향(2024)」, 「서울시 도심거점 산업구조 고도화방안(2024)」, 「코로나19 이후 서울시 자영업자 폐업의 특성 분석(2022)」 등이 있다.

안준모 중소기업청, 과학기술부 등 공직을 거쳐 고려대학교 행정학과에서 과학기술 및 산업혁신정책, 데이터 기반 정부 등을 연구하고 있다. 한국공학한림원 정회원, 바른과학기술실현을위한국민연합 공동대표, 기술경영경제학회 차기회장 등으로 활동하고 있으며 R&D Management Journal(SSCI) Associate Editor를 맡고 있다. 그간 논문 35편, 저서 6권, 북챕터 3편 등을 출판했으며, 2023년에는 고려대 우수 피인용 연구자(FWCI 4.93)로 선정되기도 했다.

박승재 KAIST 공학박사와 고려대 법학박사 학위를 취득하고, 청와대 대통령실 교육행정관, 교육부 부총리 자문관을 거쳐 한국교육개발원 교육혁신연구본부장으로 재직하고 있다. 연구분야는 교육과 과학기술, 미래인재양성분야이다. 주요 연구로는 「중·장기 미래사회 이슈 예측과 정책수요 발굴(2025)」, 「카이스트 미래전략 2025(북챕터, 2024)」, 「GPT-3를 이용한 미래예측모형연구(2021)」, 「대한민국 국가미래전략 2018(북챕터, 2017)」 등이 있다.

박재민 미국 오하이오주립대학교에서 경제학 박사학위를 취득하고, 건국대학교 경영대학에서 교수로 재직 중이다. 과기부장관 겸 부총리 자문관을 지냈고, 현재 국가과학기술자문회의 전문위원장, 국가연구개발 우수성과 100선 선정 총괄위원장, 공학한림원 정회원으로 있다. 2016부터 8년간 전자신문 〈박재민 교수의 편한 기술경영〉에 매주 칼럼을 연재했고, 현재 전자신문 〈ET대학포럼〉 코너의 좌장으로 있다. 2020년부터 SERICEO 〈박재민 교수의 혁신의 연장통〉을 통해 CEO들에게 혁신전략을 조언하고 있다.

홍찬영 서울대학교 기술경영경제정책대학원에서 경제학 박사학위를 취득하고, 서울연구원 경제혁신연구실 연구위원으로 재직하고 있다. 연구분야는 기술혁신과 연구개발 투자 분석이다. 주요 연구로 「디지털 전환시대 서울시 미래 신산업 육성방안(2023)」, 「수도권 ICT산업 창업환경 특성과 정책방향(2023)」, 「지역 산학연 협력 성과 분석과 활성화 방안(2024)」 등이 있다.

김현우 현 서울경제진흥원 대표이사, 한국경제신문 칼럼니스트, 창업학 박사로 아시아경제TV 대표이사, 보스톤창업투자 대표이사를 역임했다. 한국장기신용은행과 HSBC를 거치면서 전통적 금융산업의 기초를 다지고 보스톤창업투자를 창업하면서 셀트리온에 초기투자를 하고 한국의 미디어콘텐츠 투자를 이끌어 혁신금융과 미디어콘텐츠에 대한 전문적 깊이가 남다르다는 평가를 받는다.

김만기 중국 베이징대에서 국제관계학을 전공하고, 영국 런던대에서 중국학 석사, 한국외대에서 경제학 박사 학위를 취득했다. 현재 서울디지털재단 이사장으로 재직 중이며, 숙명여대 최고경영자과정 지도교수를 역임했다. 교육, 사업, 방송, 강연 등 활발하게 활동해왔으며, 저서로는 중국의 혁신 스타트업을 소개한 「중국의 젊은 부자들」과 「중국 천재가 된 홍 대리」 등이 있다.

유니콘 혁명

소득 10만 불의 열쇠

지은이 김세형, 정유신, 주재욱, 안준모, 박승재
박재민, 홍찬영, 김현우, 김만기

초판 1쇄 인쇄 2025년 4월 3일
초판 1쇄 발행 2025년 4월 18일

펴낸이 오균
펴낸곳 서울연구원
편집 전말숙, 양지선
디자인 박진범
인쇄·제본 민언프린텍

주소 서울시 서초구 남부순환로 340길 57
전화 02-2149-1234
팩스 02-2149-1019
홈페이지 www.si.re.kr

ISBN 979−11−5700−879−7 93300

* 책값은 뒤표지에 있습니다.